世纪波
Century Wave

U0839526

TRANSFORMATIONAL
LEADERSHIP
转型领导力

TRANSFORMATIONAL

LEADERSHIP

转型领导力

沈小滨 著

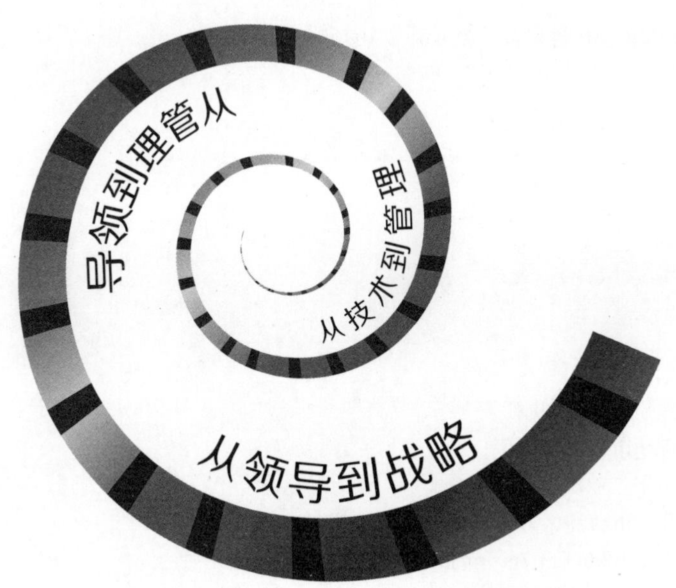

電子工業出版社
Publishing House of Electronics Industry
北京 · BEIJING

图书在版编目（CIP）数据

转型领导力：从技术到管理，从管理到领导，从领导到战略 / 沈小滨著. —北京：电子工业出版社，2020.8

ISBN 978-7-121-39150-7

Ⅰ. ①转… Ⅱ. ①沈… Ⅲ. ①企业领导学 Ⅳ.①F272.91

中国版本图书馆 CIP 数据核字(2020)第 107056 号

责任编辑：刘淑丽
印　　刷：涿州市京南印刷厂
装　　订：涿州市京南印刷厂
出版发行：电子工业出版社
　　　　　北京市海淀区万寿路 173 信箱　邮编：100036
开　　本：720×1000　1/16　印张：14.5　字数：208 千字
版　　次：2020 年 8 月第 1 版
印　　次：2020 年 8 月第 1 次印刷
定　　价：68.00 元

凡所购买电子工业出版社图书有缺损问题，请向购买书店调换。若书店售缺，请与本社发行部联系，联系及邮购电话：（010）88254888，88258888。

质量投诉请发邮件至 zlts@phei.com.cn，盗版侵权举报请发邮件至 dbqq@phei.com.cn。

本书咨询联系方式：（010）88254199，sjb@phei.com.cn。

Transformational Leadership

序

2020 年将注定成为历史上的一个重要转折点，世界将从此变得不一样，企业转型、创新和升级的步伐也将变得更加紧迫。

美国创新领导力中心的研究有一个惊人的数据，企业 50%~70%的变革都以失败告终。转型从来不是一件容易的事情，有时候需要“霸王硬上弓”，有时候需要“软着陆”。转型的背后是团队，团队的背后是领导。领导者如何率先转型、创新和升级，从思想上、行为上和管理方式上转型，成为企业转型、创新和升级成功的关键。

企业管理者转型需要跨越三个阶段。一是从技术到管理，二是从管理到领导，三是从领导到战略，一个比一个难。本书的核心内容就是围绕着这三个方面，帮助企业各级管理者一步一个台阶，做好自己的转型，从而推动企业的转型。

在管理方面，本书可以帮助大家对管理体系有一个快速和系统的认知，让自己从一名技术专家转型为一名团队的管理者。管理的执行与落地，有两个重要的抓手，一个是绩效管理，另一个是项目管理。

在领导力方面，本书可以让大家更好地了解领导力，了解管理与领导的区别，让自己从管理走向领导，转型为一名团队的领导者、变革的推动者和创新的进取者，更好地管理新生代的员工，更好地给团队赋能。领导力既是一门科学，也是一门艺术。要想提升自己的领导力，你可以在本书的第 2 章找到路径、方法和流程。

领导力的最高境界，是要成为一名战略型领导者。战略型领导者的使命就是要带领团队去一个从来没有去过的地方，激励团队去做从来没有做过的事情。领导者的战略思维和高度，决定了企业和团队的高度。领导者的四大战略思维为领导者提升战略领导力开启了一扇窗。

从技术到管理，从管理到领导，从领导到战略，是领导者从优秀到卓越的一个英雄之旅。这样的转型，从来都是不容易的。记住坎贝尔的告诫：当困难来临的时候，当危机挑战你的时候，那正是对英雄的一种召唤。

本书还能给你带来什么价值？

一个人转型是不够的。领导者要推动企业和团队转型，需要培养更多的领导者，培养一批转型的追随者。优秀的人培养优秀的人，领导者培养领导者，人才层出不穷，企业才能基业长青。作为一名职业的培训师和管理咨询顾问，我特别为本书提供了配套的课件，这些课件都是在为华为等世界 500 强公司培训中使用的，还有视频和其他相关资料，期望能为你个人的学习和团队的培训提供一些专业的帮助，真正赋能于你。你可以通过扫描本书扉页前面的二维码，下载课件、视频和其他相关资料。我准备好了一本书、一套课件和一个资料包，为你和你的团队做好转型、创新和升级提供专业支持。现在是看你行动的时候了。

在写作本书的过程中，我得到了众多人的帮助，包括引用了一些相关信息与资料，无法一一列明出处，如有冒犯，还请包涵。我要特别感谢电子工业出版社的编辑，没有她们的帮助和催促，这本书不可能在疫情期间完成。在这里，我要真心地表达诚挚的谢意！

疫情期间完成的这本书，是我十多年来为企业各级领导者提供培训和咨询的一个阶段性总结，很多智慧和案例都来自我的客户，在这里也要真诚地向他们说一声感谢。由于水平有限，其中一定有不少错误，如果你发现了，请反馈给我，以便再版时修订。我的邮箱是 customer@beijingonline.com.cn。

不确定的是环境，确定的是自己。以自己的确定性，应对环境的不确定性，才是应对 VUCA 时代的正确方法！

转型，你准备好启程了吗？

沈小滨

北京知行韬略管理咨询有限责任公司创始人，首席管理顾问

Transformational Leadership

目录

第 2 章 领导转型，如何从管理到领导 // 90

第 3 章 战略转型，如何从领导到战略 // 154

Transformational Leadership

导 论

在非洲，每天早晨醒来，羚羊要明白，它必须跑得比狮子快，不然它就会被狮子吃掉。每天早晨狮子醒来，狮子也要明白，它必须跑得比羚羊快，不然它会被活活饿死。不论你是狮子还是羚羊，都不重要，重要的是每天旭日东升，你就得开始奔跑！要一直保持和环境匹配。这就是丛林法则。

企业面临着两项永恒的挑战：一是如何应对外部不断变化的环境，二是如何保持组织内部的激情与活力。如何应对VUCA时代——一个易变的、不确定的、复杂的、模糊的时代（一个在互联网时代被创造出来的时髦新词）是企业和企业领导者都要面对的现实挑战。太多的人面对变化的世界，用马云的话说，是看不见，看不起，看不懂，最后是来不及。对待外部世界的变化，我们经常进入一种惯性的模式，却不知道，过去的经验、过去的模式，都已不再有效。只有真正识别变化、理解变化，才能有效应对变化。

“不识庐山真面目，只缘身在此山中。”无论是企业，还是个人，只有跟随外部世界的变化，不断转型、创新和升级，敏捷地应对VUCA时代带来的变化，才能减少内在的压力，更好地生存和发展。美团的CEO王兴讲过的一段话，引起了许多人的共鸣：“大家一定很焦虑，因为你要对该发生而没有发生的事情负责，这其中有太多的不可捉摸和不确定性。你要足够了解一线情况，把信息相对全面地搜集到，最后做出判断。最可怕的是在没有足够的时间、没有足够的资源和信息不够充分的情况下做决策，自然就有了焦虑。”我们每天都在观察这个世界，但是不能只观察，还要洞察。如何从观察走向洞察，不仅是一个向外学习的过程，也是一段向内探索的旅程。看得见的叫视线，看不见的叫远见。远见如何培养出来？可以从当下业务的转型、创新和升级开始。

谈到转型、创新和升级，它们的区别和联系是什么呢？所谓转型，是指从 A 业务到 B 业务的发展；所谓创新，是指从 0 到 1 的突破；所谓升级，是指从 1 到 1.1、从 1 到 N 的改进和提高。本书是基于我十多年的讲学经验，对近千家世界 500 强和中国优秀企业中高管的培训，把教学中的一些精彩桥段与案例整理和呈现出来，帮助企业管理者做好三大转型，即从技术到管理，从管理到领导，从领导到战略（从魅力型领导到战略型领导），不断从优秀走向卓越。

1. 不确定环境下的新挑战

“不是我不明白，是这个世界变化快。”VUCA 时代的变化，表现出两个方面的新特征。

第一，企业过去的历史经验、过去的一些做法和过去的一些成功模式不适用了，不能用来指导我们今天的实践和未来的发展。

作为企业的领导者，千万不要只关注，你在这个行业的时间有多长，企业的地位有多高，企业的规模有多大，企业拥有的资源有多少，企业的能力有多强，所有的这一切都属于过去，对今天已经毫无价值，甚至是负面的包袱。因为企业在未来的机会，不是基于过去的成功经验，而是基于新变化、新需求、新产品、新客户、新商业模式。即使你过去是行业的老大，也不能怎么样。

柯达，曾经一个无人不知、无人不晓的品牌，相机胶片行业的霸主，被数码技术取代了，倒下了，如今消失得无影无踪。

国美的黄光玉，曾经是中国的首富，所有的家用电器制造商都曾经害怕、巴结的国美，因为京东、因为淘宝、因为电商新的商业模式，不再风光了。

摩托罗拉，曾经是模拟技术时代手机的老大，被诺基亚超越了，倒下了；诺基亚，曾经是数字技术时代的手机老大，被苹果和三星超越了，倒下了。诺基亚原 CEO 约玛·奥利拉创造了诺基亚的辉煌，在记者招待会上发布被微软收购的信息时，说了一句让人伤感至极的话：“我们并没有做错什么，但不知为什么，我们输了。”

北京的大润发，曾经的零售巨头，遍布北京的连锁超市，2018 年倒闭了，被阿里收购了。其创始人黄明端说了一句意味深长的话：“我们战胜了所有的竞争对手，却输给了这个时代。”

…………

“人无千日好，花无百日红。”中央电视台的原主持人张泉灵说：“当时代抛弃你的时候，连一声招呼都不会打，连一声再见都不会说。时代就是这样的残酷。”

第二，未来会发生什么，越来越难预料了。

没有人预料到 2020 年新型冠状病毒的发生。在此时此刻，没有人知道这个公共卫生事件会对中国的经济和企业产生什么样的连锁反应和影响。

中美两个世界上最大的经济体，下一阶段的关系如何？第二阶段的贸易协议什么时候签署？中美两国将会走向合作还是完全脱钩？只有上帝知道。

华为的 5G 技术，将会如何被应用？哪些产业将会获得新生？哪些产业将会被淘汰？5G 对我们的生活会产生哪些方面的影响？

新能源汽车什么时候会取代传统汽油汽车？我们现在应该聚焦发展混电技术，还是纯电技术？传统汽油车什么时候停产、减产？

电视显示技术该选择 QLED 还是 OLED？当年在 3G 时代，在面临技术模式选择的时候，有人选择了 CDMA 制式，有人选择了 GSM 制式，还有人选择了 TD-CDMA 制式。你选择什么，你就是什么。最后的结局，也就因此而不同。中国曾经的四大电信设备公司——巨大中华（巨龙、大唐、中兴和华为），就是大道朝天，各走一边，选择不同，结果不同。

当年的索尼与松下，在录像带领域之争，索尼选用的是 Betamax 格式，而松下选用的是 VHS 格式。也因为选择不同，留下了一段传奇故事。

面对 VUCA 时代，如何预测未来？想对未来做预测的人很多，但是能够对未来正确预测的人越来越少。即使像尼葛洛庞帝这样的未来学家，也只能指出“数字化生存”这样大致的方向。华为的任正非有一句名言，我不知道是否与他的磨难有关：“战略大致正确即可，但组织必须充满活力，这恐怕是应对未来的最好态度和最好方式。”

2. 如何应对不确定性

未来不可预测，过去的成功经验不能照搬，我们当下如何生存、如何行动？

变化的是环境，不变的是自己。面对不确定的环境，我们不能只停留在哲学思考的层面，以不变应万变。我们要学会变化，与变化一起共生存，掌握一些重要的生存法则，不仅要了解什么是变化的，还要了解什么是不变的。我们要以自己的确定性对抗环境的不确定性；以过程的确定性，应对结果的不确定性；以当下的确定性，应对未来的不确定性；以组织的活力，应对战略的不确定性；以人性的确定性，应对市场的不确定性。亚马逊的 CEO 杰夫·贝索斯对此深有感触，有自己的独特见解，他说：“我经常被问到一个问题‘未来十年，会有什么样的变化’，但我很少被问到‘未来十年，什么是不变的’。我认为第二个问题比第一个问题更重要，因为你需要将你的战略建立在不变的事情上。”

什么是变化的？政治（Politic）、经济（Economy）、社会（Society）、技术（Technology）都是变化的，这种 PEST 的变化，是不以人的意志为转移的。

什么是变化的？竞争对手在变，客户在变，供应商在变，试图打破现有竞争规则的新进入者在变，还有技术发展带来的替代产品与服务在变，它们可能在一夜之间颠覆你多年构建的体系，一夜之间颠覆你的产品和服务。如果新能源汽车能够进一步发展，特斯拉的价格再便宜那么一点点，传统汽车行业近百年构建起来的优势，无论过去多么成功，无论规模多么巨大，无论技术积累多么深厚，都可能像泰坦尼克号一样"沉没"，消失得无影无踪。

更可怕的是，这是一个"跨界打劫"的时代。有时候敌人是看不见的，他们在看不见的战线。看得见的敌人，我们可以防备；看不见的敌人，我们却只能一筹莫展。比如，曾经如日中天的康师傅方便面，从风靡全国到减产活命，"消灭"它的不是今麦郎，而是饿了么，还有美团外卖。一位美团的高管告诉我，他发现美团的一份城市数据非常有意思，一段时间，不明白订单数量为什么减少了，最后发现竟然是因为摩拜单车的缘故。因为有了共享单车，大家叫餐少了，选择骑车去外面吃饭。这正应了刘慈欣《三体》里一句名言："我消灭你，与你无关。"

北京当年的出租车，车上播的是北京交通广播电台 FM 103.9，主持人轻松幽默，给劳累的出租车司机带来不少开心的时刻。电台做得很好，主持人也很专业，节目很受欢迎，最后却下线了，没法再继续维持下去。这是因为又出了一家新的、更好的电台吗？不是。为什么？是因为滴滴打车的横空出世和狂热的补贴，出租车司机不能再听广播了，必须专心致志留意收听客户信息。一个电台的没落，不是因为另一家电台做得更好，而是因为一个与广播电台八竿子打不着的、毫无关系的滴滴出行新业务的出现。我消灭你，与你无关。

案例

一个叫姚文琛的潮汕人，是做扑克产品的，他把扑克产品做到了极致，在香港成功上市，成为中国扑克第一股。自从上市后，资金越来越多，产品越做越好，销售额却越来越差，一路下滑。不是因为有其他竞争对手做出了更好的扑克产品，而是因为手机网游的冲击，逼着姚文琛不得不转型，公司从扑克产品的单一业务，转向与互联网相链接的大娱乐、大健康，最终姚记扑克公司变更为姚记科技，经营范围增加了互联网信息服务业务，网游成为一项新的核心业务。

姚文琛是因为被逼迫不得不更换新业务，用今天的时髦话叫跨界。转型、创新和升级是企业一个永恒的主题，不是你想不想，不管你愿不愿意，你必须随着不断变化的环境而变化。主动，还有一线生机；被动，最后等着挨打。

如何应对不确定性？《孙子兵法》中说：知彼知己者，百战不殆；不知彼而知己，一胜一负；不知彼，不知己，每战必殆。了解变化、跟踪变化，是管理变化的最好方式。谁负责了解变化？如何跟踪变化？如何对变化做出反应和调整？这是领导者的一项重要责任。转型、创新和升级的背后，我们需要一名转型、创新和升级的领导者，从思想上、行动上和管理方式上，不断转型自己、进化自己、创新自己。不能只顾埋头拉车，还要不时抬头看路。真正好的管理者知道，不能以执行上的勤奋抵消战略上的懈怠，光有勤奋是不够的。这个时候，管理者不仅要“眼睛向内”，做好产品和服务；还要“眼睛向外”，学会研究市场、分析市场，发现新的市场与机会。

应对不确定性，在行动上要避免两个极端。一个是无所作为，一直在观察，一直在等待，等到局势明朗才采取有效的措施。在 VUCA 时代，任何观望、犹豫不决的结果，只会是错过风口和流失机会。另一个极端则是鲁莽行动，冒险出击，不顾一切，投入全部家当，使出浑身解数，最后却发现方向没看清，路径选择错，结果只能是成为一名“先烈”，轰轰烈烈地开始，然后又轰轰烈烈地倒下，即使偶尔命好，赌对了，成功了，也可能是昙花一现。机会主义的成功是靠不住的，是不可能赢得基业长青的，失败是迟早的事儿。中国的改革开放成就了一些机会主义者，他们一夜暴富，成为百万富翁；随后又因为缺乏实力，一夜回到解放前，成为“百万负翁”。

在具有不确定性的 VUCA 时代，困难在哪里？难就难在目标不清楚、不确定，目标在变化、在漂移，时隐时现，时好时坏。不仅目标不清晰，达成目标的路径与方法有时也不清晰。

案例

在软件开发领域，互联网产品开发经常遇到挑战。QQ 和微信在开发之初，目标是不清晰的，商业模式也是不清楚的。我还记得当年在中央电视台《对话》节目中看到的一幕，马化腾当时还很稚嫩，他向海尔的张瑞敏寻求资金支持，期待 100 万元的投资。张瑞敏问马化腾 QQ 的功能和价值是什么，马化腾费了九牛二虎之力，解释了 QQ 的功能和意义。张瑞敏回答说，他不能投资，他不知道 QQ 的商业价值，因为他不敢想象，如果海尔的员工都使用 QQ，会不会影响工作？此一时彼一时，如果张瑞敏当年投资了腾讯，会不会成为今天腾讯的第一大股东？

张小龙当年开发微信时也并不清楚微信的价值，预测不到今天的结果。事实上，微信的功能是一步一步丰富起来的，场景应用是一步一步拓展来的，微信红包是后来加上去的，微信支付也是后来才想到的。没有人先知先觉，在项目一开始，就能把项目的目标、路径与方法都定义清晰，把计划做完美。

时代变了，你也得变。在今天的 VUCA 时代，我们需要用一种全新的思维、全新的方法，才能应对不确定的环境。北京奇虎科技有限公司的 CEO，人称“红衣主教”的周鸿祎在一次演讲中说：“应对不确定的唯一方法，就是要敢于试错，敢于冒一定的风险。”他在评论罗永浩创业失败时说，中国社会在创新方面面临的最大挑战，是人们对失败的宽容不够，只想成功，不允许失败，不接纳失败。没有失败，哪来的成功？90%的创新都可能失败，只有 10%的成功让我们收获巨大的利益。

3. 不确定环境下领导者的敏捷之路

敏捷管理、敏捷领导力、敏捷战略，正在成为我们应对不确定环境的方法论。不确定的是环境，确定的是自己。用确定的当下，应对不确定的未来，是不确定时代领导者的转型之路。企业转型、创新和升级，领导者要先有变化。

敏捷，是应对不确定性的一副解药，是破解复杂、多变的不确定性的有效武器。什么是敏捷？敏捷管理和敏捷领导力意味着什么？

2001 年，17 位软件大师在美国的犹他州一起讨论轻型化的软件开发模式，来改进和取代传统的瀑布式软件开发模式。经过讨论，大家决定采用一个全新的字眼 Agile（敏捷），提出了敏捷开发宣言，并且在同年成立了敏捷联盟，号召人们加入敏捷的行列。最后形成的一套敏捷体系包括一个心态、四个价值观、十二条原则和一系列最佳实践，如图 0-1 所示。我们可以看到，敏捷管理体系始于心态与价值观，终于原则和实践。敏捷首先是一种心态，其次是一种实践。

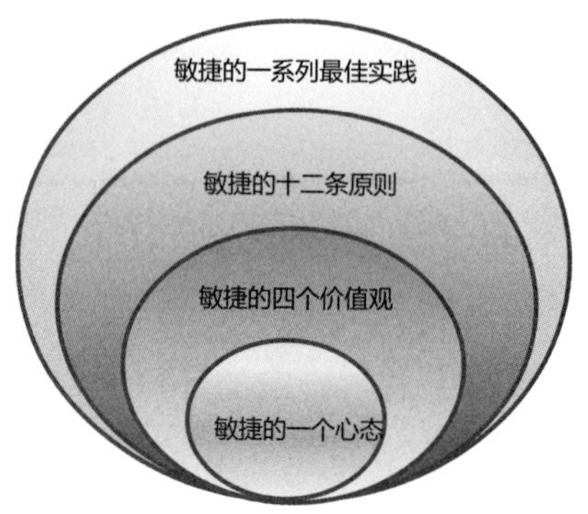

图 0-1 敏捷管理思想体系

（1）敏捷的一个心态是指，愿意基于敏捷所倡导的价值观和原则行事。敏捷方法的核心是“面向人”（people-oriented），强调人的重要性，而非“面向过程”（process-oriented）。

（2）敏捷的四个价值观是：

- 人和交互胜过过程和工具。
- 可以工作的软件胜过面面俱到的文档。
- 客户合作胜过合同谈判。
- 响应变化胜过遵循计划。

有的人因为看见，所以相信；有的人因为相信，所以看见。敏捷的四个价值观完美地诠释了以下管理哲学，帮助我们应对充满不确定性的世界：

- 人和交互胜过过程和工具，是以人为中心、结果为导向的管理思想，强调了人的因素要远远大于过程和工具。
- 可以工作的软件胜过面面俱到的文档，区分目的与手段。有时候，我们出发久了，走得远了，反而忘记了初心，忘记了目的地。
- 客户合作胜过合同谈判。商业社会让人变得越来越功利，把当下的输赢看得比什么都重要。与客户合作，把合同看作根本，遵循合同契约，却忘记了真正的客户价值，忘记了最终目标。与客户合作胜过合同谈判，才能长期共赢，才是获得组织持续发展的保障。

- 响应变化胜过遵循计划，不要让计划成为僵化的教条，为了计划而计划。一切因需而变，与时俱进，才是最佳的策略。

敏捷的四个价值观，就是基于人性而设计的，是反脆弱的、反人性的，因为我们知道，人是有缺陷的。

- 人容易犯错误，因此必须在错误扩散之前，找到错误，改正错误。
- 当人觉得可能失去较多的时候，人是不愿意冒险的。
- 人总是喜欢重新构造新的东西，而不愿意重复使用已有的东西。
- 人难以坚持一个习惯。

如何把思想变为行动？如何把行动变为结果？敏捷管理者开发了众多最佳实践，帮助团队做好敏捷开发，践行敏捷管理的价值观，包括每日站会、看板管理、故事卡片、待办功能列表，等等。除了这些，在一个敏捷开发团队，还特别强调如下八个方面的工作，这些都是激发团队、凝聚团队的实用技术。领导力可以是艺术的，领导力也可以是技术的。融合、跨界的思想与方法，给领导力注入了新的元素与生命力。

- 具体的模型比抽象的模型更容易理解。
- 从一个例子开始。
- 通过观察他人的成果进行学习。
- 要给自己留出足够的不受打扰的时间。
- 分配的工作要与个人意向和能力相匹配。
- 不正确的奖励会有负面的作用。从长期看，个人兴趣比奖励更重要，要培养在工作中的自豪感，包括：①参与工作的自豪感，通常参与一个重要的工作会让人有自豪感；②完成工作的自豪感，长期未完成工作会让团队士气低落；③为他人贡献的自豪感。

- 鼓励关心其他人的工作。
- 鼓励关心项目和团队整体的工作。

（3）敏捷的十二条原则。《原则》一书的作者瑞·达利欧在中国演讲时，一开始就说："每个人都应该有自己的生活和工作的原则，所以我开始要强调，这是我自己的原则，你们也会有自己的原则，你们的原则可能是不一样的。"

那么，我们如何学以致用，应用敏捷的十二条原则，做好企业的转型、创新和升级呢？下面是敏捷领导力的十二个最佳实践，不仅可以帮助我们应对不确定性，还能让我们学会拥抱不确定性、管理不确定性和创造不确定性，不断从被动走向主动。

1）从商业交易到敏捷共创。什么是真正的以客户为中心？不仅要为客户提供客户所需要的产品和服务，还要与客户一起应对不确定性，管理不确定性。如果是这样的话，我们与客户的关系就会发生变化，我们交付给客户的不再是合同约定的产品与服务，而是要帮助客户更好地应对市场与环境的变化，满足客户的需求，帮助我们的客户成功。这些成为我们的一种更深层次的责任，要求我们更多地了解客户的业务，了解客户所在的行业，了解客户的客户，与客户一起共创与共责。

2）从坚守计划到随需而变。传统的管理方式一直强调的是 PDCA［戴明环，其中 P（plan，计划），D（Do，执行），C（Check，检查），A（Act，行动）］，计划是管理的基石，我们往往把变化视为一种消极和负面的东西，把变化看作影响工作交付的天敌，因此，我们不喜欢变化，我们抵触变化，总是想尽一切办法减少变化，确保工作按计划完成。但在不确定的环境下，不是计划不好，而是我们还暂时预测不了变化，我们只能与变化共存，学会在变化中计划，使其从静止到动态，即使到了项目的后期，也欢迎需求的变化，拥抱改变的计划。因为计划的变更，对客户来说，意味着发现了新的需求，意味着为客户创造了新的竞争优势。我们不是强调以客户为中心吗？为什么不能随需而变呢？随需而变才是企业运营的核心竞争力所在。

3）从长周期计划到短周期迭代。传统的计划思想，是为了管控变化，所谓预则立，不预则废，把变化想在前面，以便减少执行的风险。但在不确定的环境下，因为变化的不可控因素太多，计划的实用性就会大打折扣。如果不能做出长周期的计划，那就把交付的时间与周期缩短，在可预见的时间内，为客户提供有价值的产品与服务，然后再通过迭代的方式，不断改进和提高，提供增量的服务。迭代的好处，一是可以快速地为客户交付最小化的可行产品；二是可以应对不确定的变化，避免长周期计划带来的不必要的损失，教条地交付一个市场或客户不需要的产品。敏捷迭代、快速应对变化的背后，最终考验的是组织的管理能力、柔性变化的能力。丰田的柔性制造生产线，体现的就是这种能够满足动态变化的生产能力。敏捷在本质上是一套快速应对变化的方法，是小步快跑，是不断地试错，也是一种试对，是通过迭代的增量方式，不断快速地提供给客户需要的产品与服务。

4）从独立到互赖。传统管理的基础是分工，强调“铁路警察，各管一段”，边界划分明确，重视的是职能效率。在对外客户关系方面，强调的是契约精神和商业合同。责、权、利的清晰界定，导致的是组织的封闭和协作的不畅通。敏捷共创，强调的是从独立走向互赖，大家作为一个命运共同体，从客户、研发者、生产者到相关方，彼此不仅强调分工，更强调合作，需要在一起进行频繁和深入的交流，及时发现和解决问题，最大限度地创造价值，减少不确定的风险。在不确定的环境下，不是一家公司同另一家公司的孤立竞争，而是一条价值链同另一条价值链的产业竞争。

5）从管控到激发。不确定性来自两个方面：一是项目目标的不确定性，二是技术的不确定性。面对不确定的项目目标与技术，任何管控的方式、命令的手段，不仅不能加快项目的进度，还会反过来延迟项目的开发，结果往往是得不偿失的。面对不确定性，团队管理需要的是更多的激发、更多的授权和更自主的行动，这样才能更快速地应对变化。赋能于人，为团队提供解决问题和创造价值所需的环境、支持与服务，激发人的最大的潜能，让团队和团队中的每个人发挥主观能动性，成为应对不确定的关键。自组织、自运营是敏捷团队的基础。

6）从文档到交互沟通。文档是为团队之间的合作服务的，但大量的文档交流其实并不是一种经济和有效的方式，人们要花费大量的时间写文档和研究文档。要想减少文档、提升沟通效率，需要从组织层面做出改变。为了适应快速的变化，需要减少官僚层级，构建一种新型的项目组织，横跨职能部门与业务部门，提供端到端的交付服务。可以预见，项目组织将会越来越普遍，既有职能部门，也有众多的项目团队，作为一种临时组织，完成特定的使命与任务。敏捷项目团队一般规模都不太大，通常在 9~12 人的范围内，团队之间的沟通与协同，通常通过面对面的方式都可以解决，从而把文档精简到最小化，这也是最有效率的一种沟通方式。

7）从测量苦劳到测量功劳。一项工作，如果不能测量，就不能评价。一般的工作是容易评价的，比如工人的计件工作和销售人员的业绩。但是，对于创新和研发工作，评价就不太容易了。比如，评价软件开发人员就不能用写了多少行的代码和做了多少个测试来进行评价，因为这是苦劳，而不是功劳。那么，如何从测量苦劳到测量功劳呢？这就需要回到以客户为中心，客户可以是外部的，也可以是内部的，用客户的视角，评价可用的功能和价值，让每个人都清晰地知道自己的交付物的价值。

8）从变速快跑到持续健康发展。虽然面临外部的不确定变化，但敏捷管理的过程却不应该是突击行为，因为持续的加班加点和赶工行为，会导致团队的疲劳和系统效率的下降，不符合团队长期健康发展的原则。因此，如何做好系统设计，做好增量节奏的管控，减少救火的混乱与无谓的忙碌，是对敏捷领导者的更高要求。

9）从系统定制到模块化复用。美国人有一句谚语，“不需要重新发明轮子”，意思是轮子可以被重复利用，不要浪费时间和精力，做一些没有意义的事情。在工作中，既要为客户提供定制化的产品与服务，也要不断学习和总结，把实践中好的方式与方法总结和提炼出来，制定机制与流程，形成可复用的模块，让系统可以像搭积木一样具有可扩展性，零部件具有广泛的通用性和可复用性，这是敏捷领导的关键，也是快速应对变化的法宝。

10）从复杂到简洁。敏捷领导的一个重要出发点是，承认人的渺小，如果不能预测长远的未来，就不去预测，而是选择立足当下，把注意力放在当下，用最简洁和最有效的方式，解决现在需要解决的问题。我们相信未来会有更好的方式和方法解决未来的问题。我们要学会与问题共存，甚至构建我们自己的免疫系统。当年伦敦大街上让人头痛的马车带来的马粪问题，汽车时代来临了以后，马粪的问题就不存在了。我们不必太过于杞人忧天，不必在今天就构建起一个庞大的系统，试图解决未来所有的问题。因为时代变了，技术和环境的变化越来越快，不再像过去那样容易预测和预判，我们选择与变化和问题共生共存，其实是一种更现实的选择。

（1）从层级组织到自组织。最能激发人的是一种自组织的形式。自组织、自目标、自运营、自激励是敏捷团队的最高境界。在自组织团队中，人人都是领导者，管理者不再发号施令，团队成员根据自身的情况寻找最佳的工作方式和方法，完成自己承诺的工作目标与任务。要形成这样的自组织团队，对团队成员的要求很高，需要每个人有足够的自律，能够实施自我管理和自我激励。自组织虽然不需要强势的领导者，却是基于愿景驱动而自动自发的，就像大多数的公益组织一样，大家在一起形成一个团队，是基于共同的愿景与目标的，不需要外在的激励。团队成员之间的信任来自每个人的承诺与贡献。团队的文化与规则也是来自民主与共识的，而非自上而下的安排。要打造这样的高效团队，显然非一时一日之功，需要付出时间代价，构建一种自组织文化，让成员在过程中学习和成长。如果大多数的团队成员处于一种非成熟的状态，要想构建这样的团队是不现实的。

（2）从向外探索到向内反省。管理不确定性，既需要不断向外探索，缩小预测周期，减少预测风险，同时也需要向内反省，不断总结经验与教训，调整团队的行为，提升团队的能力，更有效地应对外部环境的变化。因此，敏捷的背后，其实是掌握一种学习方式，一种快速应对变化的学习方式。学习能力越强，应对不确定性的能力越高，就越不怕外部环境的变化。

总之，敏捷管理的思想——一个心态、四个价值观和十二条原则，是应对不确定性的法宝。不确定的是环境，确定的是自己。我们要学会的是，用当下的确定性，应对未来的不确定性，通过小步快跑的方式，运用敏捷迭代的方法，不断试错，不断优化，不断厘清目标与方法，最终，找到一条适合特定场景的正确道路，满足客户的需求，满足市场的需要。这是VUCA 环境下，应对不确定性的有效方法。

Transformational Leadership

第 1 章

管理转型，如何从技术到管理

没有人是一下子走到管理岗位的。回想一下，我们离开学校后走向职场的第一份工作，是从干什么开始的？是不是从事技术和业务方面的相关工作？对于大多数人来说，都是从一件一件的事情和一个一个的项目开始自己的职业生涯的。有人因为个人的努力，有人因为个人的天赋，也有人因为偶然的或命中注定的运气，事情做得好，项目干得漂亮，当然也有与领导关系处得好的，被提拔为一个小头目，成长为一个小组的负责人、科长、处长之类的。这个过程，一般需要 5~10 年的光景。我们一般都是从管理自己开始的，成为领导者以后，开始管理他人。著名领导力大师拉姆·查兰在《领导梯队》一书中指出，一个人从员工到 CEO 要经历六个领导力发展阶段：管理自我，即个人贡献者；管理他人，即一线主管；管理一线主管，即部门总监；管理职能部门，即事业部副总或职能部门负责人；管理事业部，即事业部总经理；管理业务群组，即集团高管；管理全集团，即 CEO。这个过程，每个阶段通常需要 5 年，合起来，就是一个 30 年的“旅程”（见图 1-1）。

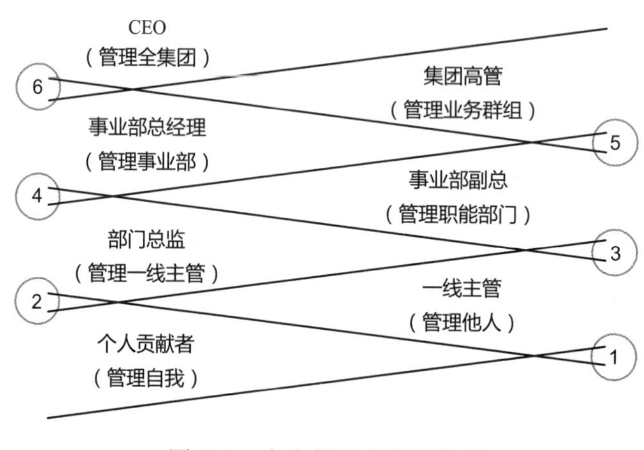

图 1-1　个人领导力发展阶段

从大学毕业走向职场，在人生的第一个职业阶段，就是一张白纸。好在一张白纸好写字，正是在这个阶段，我们的职业性格和做事方式，被极大地塑造了出来。做事强调的是理性思考，过程重视的是 PDCA，输入与输出的要求是 100%精准。这是一套完美的做事方式和做产品的逻辑。但在被提拔为一线主管以后，人们不自觉地会把这一套做事、做产品的方式与方法，用来管理团队。想一想，你会面临什么样的挑战？

1.1 从技术专家转型为团队管理者的三大挑战

在智睿咨询（DDI）的一个研究中，询问管理者从技术到管理的转型中，面临的最困难的三件事情是什么，排在第一位的是应对不确定性：

- 处理模糊性和不确定性事务，41%。
- 应对组织政治，38%。
- 激励和激发员工，34%。
- 创建新的关系网络，32%。

我们把上面的挑战，从宏观转变为微观，那么从技术专家转型为团队管理者，往往面临三大挑战：

- 重视事情，不重视人。
- 重视能人，不重视团队。
- 重视管控，不重视激发。

1. 重视事情，不重视人

技术专家型的管理者有一个管理哲学，就是对事不对人，他们是这样行事的，他们从他们的上级那里学到的也是这样的。对事不对人，其实是一个流传很广的“错误”。事情是要靠人做的，怎么可能当我们说一件事情没做好的时候，只是对事而不对人呢？比如，小王上报的材料出现了错误，被领导老王批评了，老王对小王说："这个事情，你怎么可以这样做呢？为什么不请示？下一次，一定要按流程请示以后再上报。"从此以后，小王上报任何材料，都要请老王签字。错误是不犯了，但小王的积极性也没有了。在重事不重人方面，技术专家型的管理者表现出来的一个基本特征就是喜欢微观管理，过度关注细节，喜欢一竿子插到底，往往造成管理过度。

一名好的管理者，要具备什么样的管理风格呢？恐怕既要对事，也要对人。但这基本上就是一句正确的废话，因为这样的要求实在太高了，大多数人并不具备这样的综合能力，在实践中也不具备指导性。人都是不完美的，有一些人关注事的方面多一些，有一些人关注人的方面多一些，两全齐美的人总是很少的。因此，了解自己是一个什么样的人，个人的管理方式是什么样的风格，至关重要。如何因人设事，如何因事而异，实施因人而异的高效情境领导，是一门大学问。

为什么重事不重人？分析其背后的根源，有两个方面的原因。一是被动的，由于事情的压力、时间节点的限制，问题的解决迫在眉睫，不马上处理和解决，事情就过不去；二是主动的，完全是因为个人的成就感导向、个人的价值诉求，技术专家就是特别喜欢解决问题，特别是解决一个别人解决不了的难题，着实让人有快感。

一个重事不重人的管理者，往往表现出下面这些典型的行为特征。我们可以对一对标，给自己打一打分，从 1 分到 10 分，看看自己表现如何。

（1）我要求下属依照明确的工作程序做事。

（2）我指导下属如何开展一项具体的工作。

（3）我重视下属在工作过程中所使用的方法。

（4）我为下属解决他们工作上的困难。

（5）我以身作则，告诉他们怎么做，为他们提供示范。

（6）我不能容忍一件事情的不确定性与拖延。

（7）我在乎事情的有效完成，不管下属是不是情愿。

（8）我工作的效率相当高。

（9）我会关注一件事情交付给下属执行的细节。

（10）只有在我的具体指示与引导下，下属的工作表现才会提升。

还有一个小测验，可以帮助你了解个人的管理风格（见表 1-1）。

表 1-1　了解个人的管理风格

基于任务导向	是/否	基于人的导向	是/否
重视效率		重视效能	
重视眼前的利益		强调未来的发展	
注重系统		注重人	
强调控制		培养信任	
强调制度		强调价值观和理念	
注重短期目标		强调长远发展	
强调方法		强调方向	
接受现状		不断向现状挑战	
要求员工服从		鼓励员工进行变革	
运用职位权力		运用个人魅力和影响力	
避免不确定性		勇于冒险，视变化为机会	

问题反思：

- 你凭什么晋升到现在的新职位？

- 你了解自己的管理风格吗？
- 你如何既要对事，也要对人？

2. 重视能人，不重视团队

基于任务导向的管理者，很自然地会采取一种管理方式，即平时不重视人，但在关键时刻，只能用能人，让能人冲上第一线，帮助“扛炸药包”，解决问题。当事情来临的时候，当问题不能解决的时候，当一个新项目面临挑战的时候，管理者往往就是这样不得不使用能人，很多时候也是因为迫不得已，“蜀中无大将，廖化作先锋”。能人的工作越来越多，能人的时间越来越少，能人的压力越来越大，最后的结果，不仅鞭打了快牛，而且还很可能把快牛变成慢牛，把快牛累死。有意思的是，在很多时候，在无人可用的时候，那个快牛其实就是管理者自己。诸葛亮就是这样一个能人，也是这样被累死的。

在这方面，我们可以向体育运动队学习。无论是巴西的足球、美国的篮球，还是中国的乒乓球，一流球队都有一个共同的规律。一支好的运动球队有什么特点？除了有明星，那就是板凳队员特别多，而且是可以替换球星的板凳队员。一个好的球队、一个能长期赢球的球队，绝不可能只靠一个明星。打一个比方，如果一个球队只靠姚明赢球，那是很不靠谱的一件事情。能人可以在一夜之间成就一个团队，也可以在一夜之间毁掉一个团队。打造一个团队，让团队发挥作用，而不是只依赖一个能人，才是团队的持续获胜之道。

要想做好团队管理，我们可以向体育运动队的教练学习。体育运动队的教练有两个特点：第一个特点是教练的职责就是选人、用人。教练基于平时的训练表现，选择谁上场、谁不上场；基于球员在场上的表现和竞争对手的现场情况变阵，决定如何替换队员。但无论球员表现如何，教练都不会上场代替球员去踢球。教练的第二个特点是，他们心里非常清楚，教练的理想与梦想其实是要靠球员去帮助自己实现的。因此，培养球员、训练球员、赋能于球员，是教练的使命。当然，企业的中高管，特别是一线的管理者，不可能像体育教练一样从不上场踢球，有时候还是需要上场的，但一定要记住，不能老上场，不要让自己成为主角，成为团队里那个最能干的前锋。

作为一名优秀的管理者，要想获得成功，必须明白一件事情，团队的成功，不能光靠自己，也不能只靠一两个能人，要靠团队，需要把团队所有的人充分调动和利用起来。红花还要绿叶扶，不能只要红花，不要绿叶。杰克·韦尔奇说：当一个人在成为领导者之前，成功只与他自己有关；当一个人在成为领导者之后，成功则与团队有关。

管理者不仅要学会培养团队、打造团队，还要懂得用好人、用对人。任何一个团队，总是存在着左、中、右三种力量。用一个四象限，可以把一个团队的人分成四类。横坐标是能力，纵坐标是意愿，由此，我们可以发现四种不同类型的团队成员（见图 1-2）。

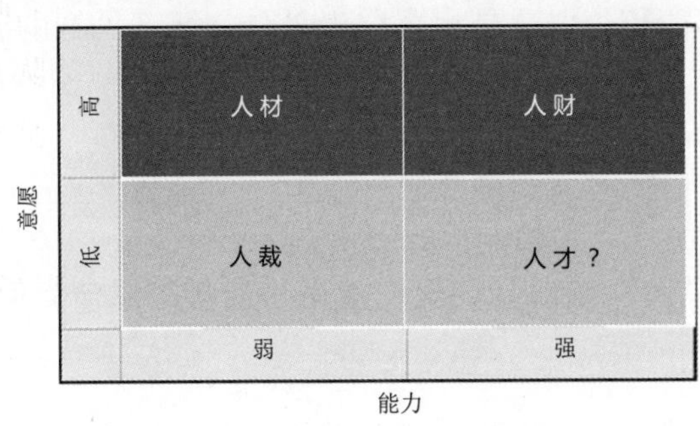

图 1-2　四类不同的员工

你最喜欢哪类人才？有人说，当然是右上角的“人财”，能力强、意愿也高。但是这样的人才，在现实的团队中是可遇不可求的。在大数据统计中，人才也会呈现二八分布的规律，能力强、意愿高的人只占团队的20%。一个管理者在现实工作中，所面对的活生生的人，要么是左上角的人，要么是右下角的人，这二者构成团队的绝大多数，当然也还有少数左下角的人。

你喜欢左上角的“人材”，还是右下角的“人才？”？如果必须在这两种人之间做出选择的话，显然不是一个容易回答的问题。在课堂上，我询问了许多中高管，大家讨论非常热烈。最后的调查数据不出人意料，更多的人还是选择了左上角的“人材”，即意愿高和能力弱的人；只有30%左右的人，选择了右下角的“人才？”，即意愿不高，但能力强的人。在这里，请注意，人才的后面打了一个问号，表达的意思是不确定，这类人用得好，就是人才，用得不好，就不是人才。

哪一种选择更好呢？假如一个团队，有很多人才，团队当下的任务与项目没有困难，你会如何选择？但如果一个团队，当下的任务与项目正是用人之时，没有足够的人才可用，你又会如何选择？你会用态度不好的能人吗？有人说，一个意愿不高、态度不好的人，会破坏团队，带坏其他人，有风险，所以不能用。但这是一个仁者见仁、智者见智的问题。有一个现实生活中的案例，可以引发我们思考。

案例

39岁“高龄”依旧受到里皮重用！当年高洪波为何不用郑智？

2019年5月，里皮二进宫执教中国国足。39岁“高龄”的郑智依旧再次受到里皮的重用！当年高洪波为何不用郑智？近日，最新一期的国足大名单也正式出炉，郑智再次入选，这让球迷们既高兴又有些担忧，高兴的是还能看到老队长为国出征，担忧的是国足的年轻一代无人可用。

2018年10月，国足在苏州迎战印度，当时38岁的郑智和32岁的郜林迎来了自己国家队生涯的第100场比赛。不过，郑智的国家队第100场比赛来得比较晚，和郜林相差了 6 岁。这其中很大一部分原因，其实球迷们也应该都知道，当年高洪波曾二度执教国足，但是都没有选择重用郑智。现在，39 岁“高龄”的郑智依旧受到里皮的重用，而当年的高洪波为何不用郑智呢？

1. 战术原因

高洪波指导喜欢用 5 后卫或 3 中卫阵形，在这种情况下，高洪波需要郑智踢中后卫的位置，而在这个位置上，郑智并不擅长。在高洪波的战术中，在中场需要有超高体能的球员疯狂拦截，而不是像郑智这样的组织型球员。

2. 身体状态原因

在高洪波第一次执教国足时，郑智正处于职业生涯的低迷期，在国外也发展不下去了。一开始高洪波给了郑智机会，但是郑智的表现并不理想，于是在高洪波心里留下了不好的印象。

在高洪波第二次执教国足时，当时的郑智虽然“年事已高”，但是其竞技状态保持得不错，高洪波也知道球队需要老球员坐镇，但是在比较之下，高洪波还是选择了像杜威这样的球员。

3. 高洪波固执的性格

高洪波的性格十分固执，当年二进宫带领国足惊险地从四十强赛中出线，当时国足阵中就没有郑智。在十二强赛的首场比赛中，国足客场 2∶3 不敌韩国，在这场比赛中，郑智首发出场，但是其表现让高洪波很不满意，于是在接下来的三场十二强赛中，郑智都没能获得出场机会。四场十二强赛只拿到一个积分，高洪波黯然辞职。

在上述案例中，除了已述原因，我有一个猜想，高洪波之所以不用郑智，会不会是因为其他原因。高洪波作为国家队教练的资历并不深，而反过来，郑智作为球员的资历太过“鲜亮”。是不是郑智不好指挥、不容易服从命令，影响自己的战术安排和球队的训练呢？这只是我的一个假设。

那为什么里皮就不怕，就敢用郑智呢？因为里皮是世界名帅，他的威望在那里，他的影响力在那里，球队的球员都会听他的，用郑智没有任何疑虑。因此，有时用不用能人，如何用能人，看来不是能人的问题，而是自己的问题。如果你能“罩”得住，能人就可能为你所用；如果你“罩”不住，能人就可能成为你的一个负担。因此，在某种意义上，能人能不能被管得住、用得好，其实与自己的实力有关。做强自己，才能做强团队，这是一个管理的真谛。

问题反思：

- 你作为团队管理者的角色是什么？定位是什么？使命是什么？
- 你如何评价一个管理者的绩效？
- 你如何发挥团队的作用，不让自己成为团队中最大的能人？
- 你的团队现在正处于一个什么样的阶段？
- 你如何让团队中的每个人都能参与到团队的活动中，让他们做出贡献？
- 你如何针对人才四象限中的每类人，设计一套上、中、下的策略？
- 你为什么喜欢扮演团队中的能人？背后的原因是什么？

3. 重视管控，不重视激发

很多人错误地认为，管理就是管控，这其实还在沿用 20 世纪初古典管理学家泰勒的管理思想。泰勒早在 1911 年的《科学管理原理》一书中就提出了管理蓝领工人的方式与方法。如果说，对待机器用控制的方法可以让机器更好地服务，那么计算机程序是最好用的，但是对待人用控制的方法，是不能让人更好地服务的。因为人是有情感的，人是会变化的。在今天，人工智能技术飞速发展，李世石与阿尔法狗的世纪之战，已表明机器可以战胜人类。于是有人恐惧，有人忧愁。我们恐惧什么？我们不怕人工智能机器会像人一样思考，但是我们真的很害怕人像人工智能机器一样思考。我们今天管理的都是有思想的知识型工人，我们不能像计算机一样，往每个人的脑子里输入一套标准的作业程序，就让他们去工作。人与机器是不同的，人与人也是不一样的，以至于管理张三的方式，不一定能用来管理李四；更要命的是，今天管理张三的有效方式，明天却可能不再有效。在管理方面，有些地方可以标准化，而有些地方不能标准化。什么样的事情、什么样的地方可以标准化、搞“一刀切”，什么样的事情、什么样的地方不能标准化、不能搞“一刀切”，这其实是管理中的一个难题，最需要领导的艺术。

有人说管理就是管人、理事。人的行为能被管住吗？人心能被管住吗？思想能被管住吗？人在本质上是管不住的，人需要“理”，“大禹治水，疏而不堵”。然而事是可以被管住的，通过“0”和“1”的控制，通过计算机程序，通过 PDCA 的方式，通过项目管理的方法，可以把一件事管控得很好、很精准，按照我们事先设定的意图，一分不差地执行。比如，一个计算机芯片的加工，现在可以控制到几纳米的精度。想象一下，1 纳米是一根头发丝的 6 万分之一，那是多么高的精细度！《原则》一书的作者瑞·达利欧在演讲时说：我的终极目标，是创建一部运转得极好的机器，我只需要在一旁坐看美好的事情发生。这真的是一种超现实的理想！我们真的期望这样美好的事情能够在现实生活中出现。

管控是一种工具，不是目的。那么，管控的目的是什么呢？举一个例子，一辆好车，有很多标准，但至少两个关键部分不能少，一是发动机，二是刹车。发动机和刹车哪一个重要呢？当然两个都重要。如果一辆车的发动机特别好，而刹车不行，将会发生什么？反过来，如果一辆车的刹车特别好，而发动机不行，又会发生什么？再进一步，发动机和刹车是什么关系呢？是发动机为刹车服务，还是刹车为发动机服务呢？答案当然是刹车要为发动机服务。因为一辆车的目的最终是要被开动起来，为人们的生产与生活服务，而不是整天踩着刹车，在那儿做无用功，不让汽车跑起来，那倒是没有任何风险。如果说有风险的话，那就是废掉了一辆好车，忘记了一辆汽车的目的。

管控其实就是一种刹车，激发才是目的，激发人的善意，激发人的能量，激发人的创造性。在北京的大街上，我经常见到这样一个场景，为了不让人停车，就在好好的水泥马路上立起厚重的交通栓，车是不能停了，但停车的问题并没有得到解决。这便是典型的管控。在有些机场，在进安检之前的闸口、在上下楼的电梯前，精心设计有红色的竖栏，标准行李箱无法通过，而在上海的虹桥机场，尽管也有竖栏，但标准行李箱是可以通过的。这就是区别，一个是为了管控，一个是为了服务。

我们作为管理者，不能管控不足，要确保风险可控，但要切记的是，管控不是目的，管控不要过度，管控最终要为客户服务。管控是手段，激发是目的。把人管死容易，把人管活很难。反思一下，我们制定的机制、流程与制度，有多少是试图要控制人和限制人的，不允许、不能做的事情太多，那么企业也就会进入一个危险的状态。管理知识型工人，不能像管理蓝领工人一样，需要的是多一点激发，少一点管控，这样的管理才会更好。

1.2 管理的本质

什么是管理？管理要做什么？这是一个天天挂在嘴边的问题，但真正要把它讲清楚，还真不容易。

对于管理的定义，“科学管理之父”泰勒说：“管理就是确切地知道你要别人干什么，并使他用最好的方法去干。”诺贝尔奖获得者赫伯特·西蒙认为：“管理就是决策。”“现代管理学之父”彼得·德鲁克认为管理就是两件事，一是做正确的事，二是把事情做正确。当然，关于管理，被人们提起最多的，应该还是亨利・法约尔在其著作《工业管理与一般管理》中给管理做出的定义。法约尔认为：管理是所有的人类组织都有的一种活动，这种活动由五项要素组成，即计划、组织、指挥、协调和控制。

在企业管理中，非常强调管理的四项基本活动，即 PDCA。PDCA 是由美国质量管理专家休哈特提出被戴明采纳、宣传而得到普及的。所谓 PDCA，指的是计划、执行、检查与行动（改进提高）。在这里我们可以看到，管理的 PDCA 是一套做事的方法和流程。

1.2.1 关于管理的几件事

下面是管理大师们关于管理的一些精彩思想与观点，他们从不同的维度阐述管理的本质，让我们更好地认识管理，更全面地掌握管理的作用与意义，帮助我们提升管理的素质与能力。

1. 关于管理的一件事

玛丽・派克・福列特说：管理就是指挥他人完成任务的艺术（见图 1-3）。德鲁克把福列特称为"管理学的先知"，甚至有人把她与"科学管理之父"泰勒相提并论，宣称这位杰出的女性应当与泰勒齐名，可称为"管理理论之母"。

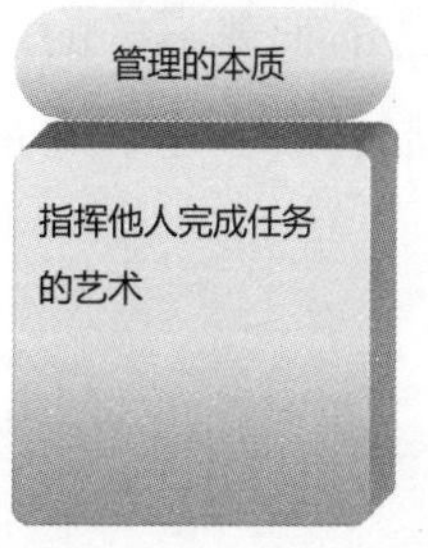

图 1-3　管理的一件事

2. 关于管理的两件事

很多人，甚至包括很多专业人士，都把管理定义为管人、理事。人真的能被管住吗？如果问一个问题：是人的变量多，还是事的变量多？是人的不确定性高，还是事的不确定性高？是人更复杂，还是事更复杂？从工程控制论的角度看，变量越少，越容易控制。因此，我倒愿意把管理定义为管事、理人，而不是管人、理事（见图 1-4）。对待人，我们需要的是理解，需要的是尊重，需要的是认同，需要的是因人而异，需要的是求同存异。

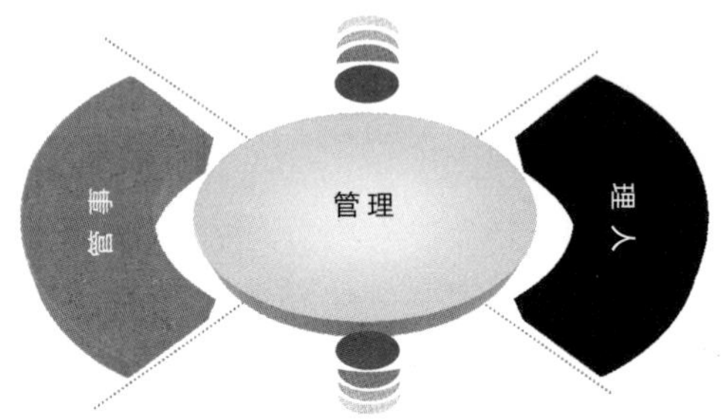

图 1-4 管理的两件事

3. 关于管理的三件事

如何理人？如何管事？要理人，领导者要做什么？领导者要具备的素质与能力是什么？要管事，领导者要做什么？领导者要具备的素质与能力是什么？管理从这些角度出发，可以定义为三件事情：一是要管理事，二是要领导人，三是要管好自己（见图 1-5）。管理他人的前提是要管理好自己。一个连自己都管理不好的人，不大可能管理好他人。看一看身边的成功人士，他们都具备一个典型的特征，即非常自律，都具有内在驱动力。

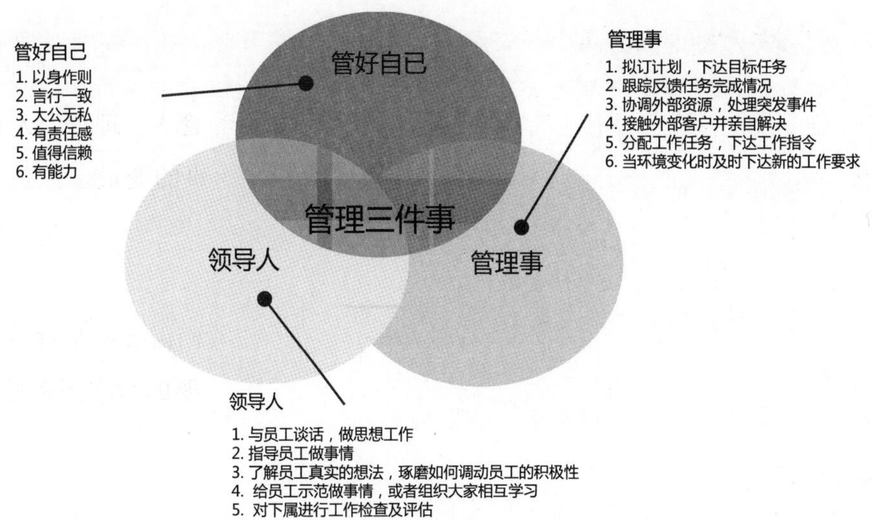

图 1-5　管理的三件事

案例

冯仑讲过一个王石爬山的故事，对王石佩服得不得了。同样是爬山，冯仑发现，王石跟别人的行动很不一样，最大的区别就是他能管得住自己。每次爬山前他都非常认真地做准备工作，例如，涂防晒油，要求涂两层，他一定会涂两层，而且涂得特别厚。在爬山过程中，在作息上其他人很不规律，累的时候早早就睡了，聊得高兴的时候可能要晚上八九点才睡。但王石不一样，说几点进帐篷，到点肯定进帐篷，无论聊得多高兴，因为他要保证有足够的休息时间，不然第二天体力不够，可能爬不了山。爬山时吃的食物是一个问题，别人觉得不好吃的时候宁愿挨饿，但王石不管食物多难吃，都强迫自己往下咽，为的是摄取足够的能量，保持体力。爬珠穆朗玛峰到 7 000 多米的时候，许多人都兴高采烈地看风景，王石不管别人怎么做，都克制自己不出帐篷，因为动一次能量就损耗一次。他对自己的这些严格要求在 8 000 米以后就体现出效果了。当时跟王石一起爬山的还有一个朋友大刘，大刘属于兴奋型的，8 000 米以下时，在电视直播里看到的都是大刘的镜头。结果太放纵了，没有管理好自己，到 8 000 米时就没劲儿了，恐惧了，开始打退堂鼓。作为一个业余运动员，王石能够顺利登顶，管理自己的能力是功不可没的。

所谓管理自己，其实就是自律，是人的一种重要的品质，同时也是最容易被人忽略的。很多企业的领导者管理他人做得很好，但在自律上不太注重，放纵自己的行为和欲望，结果战略、组织系统等都受到影响，甚至因此失败。

案例

在电视上，邓亚萍讲过一个关于自我管理的故事。邓亚萍是中国乒乓球史上的一个奇才，她身材不高，打球的基础条件并不好，但球技一流，在 1992 年的巴塞罗那奥运会和 1996 年的亚特兰大奥运会上，连续夺得女子单打和双打冠军，成为中国奥运史上第一个夺得四枚奥运金牌的人。她的脚踝长了骨刺，但比赛逼近，不方便做手术，为了比赛顺利进行，她会在上场之前，自己把脚踩麻了，不让伤痛影响比赛。我们都知道，邓亚萍打球时凶狠，但没有人知道，她对自己更狠。成功者真的自有其成功的道理。

4. 关于管理的四件事

关于管理的四件事，是在管事和理人的基础上，增加两项：一是管理团队，二是管理业务（见图 1-6）。

图 1-6　管理的四件事

管一个人和管一个团队，面临的问题有很大的不同。你一定拔过河，拔河如何能取胜呢？关键成功因素至少有如下几项：

- 团队领导
- 共同目标
- 全力参与
- 相互信任
- 节奏一致
- 重心一致
- 增强能力

除了上述因素，还要有啦啦队。在大学拔河的时候，你一定有经验，如果能让校花在旁边做啦啦队员，选手们拔河的劲头一定更大。

中国有句话叫作“人多力量大”。其实，在组织中，“1+1>2”的结果，并不是必然的。法国工程师林格曼做过一个拉绳实验，测试的结果告诉我们一个特别有趣的现象。

测试者被分成四组，每组人数分别为一人、二人、三人和八人。林格曼要求各组用尽全力拉绳，同时用灵敏的测力器分别测

> 量拉力。测量的结果有些出乎人们的意料：二人组的拉力只为单独拉绳时二人拉力总和的 95%；三人组的拉力只是单独拉绳时三人拉力总和的 85%；而八人组的拉力则降到单独拉绳时八人拉力总和的 49%。

现代社会把人们组织起来，就是要发挥团队的整体威力，使团队的整体之力大于各部分之和。而拉绳实验却告诉我们“1 + 1 < 2”，即整体之力小于各部分之和。这一结果向团队的领导者发出了一个严肃的挑战，是什么影响了团队的绩效呢？

从物理学的角度我们不难解释，只要每个人出力方向与节奏不一致，就会影响团队合力的结果。回到团队管理，我们发现一个结论，多少有点让人不可思议：一个人一旦进入一个组织，无论他愿意还是不愿意，都会对组织产生一些破坏性的作用（方向不一致）。因此，从这个角度出发，如果一件事情可以由一个人完成，最好不要安排两个人做，除非有特别的目的。

那么，如何管理团队，让团队发挥“1+1>2”的作用呢？这就涉及团队的分工和组织的设计了。人是没有完美的，但团队可以完美。如何基于每个人的特性，用其所长，让团队完成一己之力不能完成的任务，是团队管理的艺术。

此外，在拔河中，我们把胖子是放在队伍前面，还是放在最后呢？团队的重心是放得高一点，还是低一点呢？针对对手的实力和规则，节奏是快一点好，还是慢一点好？是速战速决，还是打持久战？这些都涉及团队的组织安排和任务的管理。如何让组织产生最大的合力，如何让组织具有凝聚力和向心力，如何让组织减少团队的内耗，如何做好任务的分配和设计，这些都是团队管理的重要任务。

5. 关于管理的五件事

亨利·法约尔是管理学的先驱，做过 30 年的矿冶公司的总经理，被认为是一位真正既懂理论又懂实践的法国管理学家。他在 1916 年出版了一部著作——《工业管理与一般管理》，提出了管理的五项职能和十四项原则，为管理学奠定了基础，成为管理学的开山鼻祖。著名的质量管理专家、PDCA 的倡导者戴明先生，有一个质量管理十四条，也许与法约尔先生的十四项原则有传承的关系。

法约尔认为，管理就是计划、组织、指挥、协调和控制，它们是管理的五项职能（见图 1-7）。

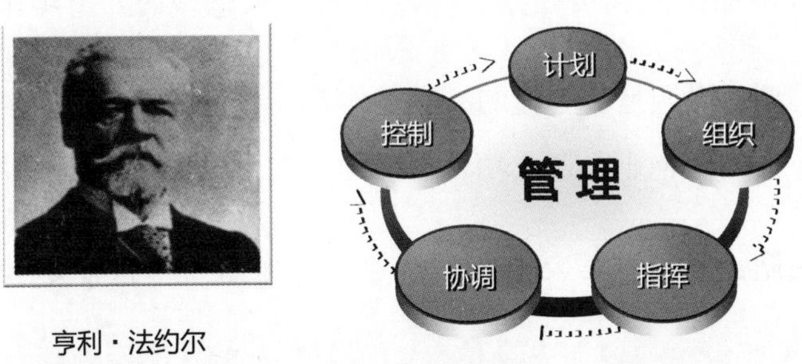

图 1-7　管理的五件事

（1）计划。法约尔认为，制订一个好的行动计划要求有一个精明的、有经验的领导者，他必须具有管理人的艺术、积极性、勇气和专业能力。缺乏计划或一个不好的计划是领导者没有能力的标志。计划即预见，是管理的首要因素，具有普遍的适用性，而且是一切组织活动的基础。这是法约尔那个时代的管理思想，对于今天的移动互联网时代，仍有指导意义。有些人认为，面对今天这样一个快速变化的世界，要想完全预测和预判几年，甚至几个月的事情，是不可能的，需要采用敏捷开发思想和快速迭代的方式，这其实是一个错误。敏捷不是不要计划，而是更强调计划的动态性，像丰田的生产计划一样，做的是滚动计划，不断修正计划，以满足不断变化的需要。事实上，越是敏捷实践，越需要做好系统框架设计，要不然就不会有扩展性，迭代也就做不下去了。

（2）组织。法约尔认为，组织是指企业为其经营提供所需的必要支持，包括原料、设备、资金和人员。法约尔特别强调企业对员工的培养，并且强调教育在培养企业人员中的作用。

（3）指挥。指挥是指对人员和资源的调遣与安排。担任指挥工作的领导者应该做到：①对职工有深入的了解；②淘汰没有工作能力的人；③对企业和职工之间的协定很了解；④做出榜样；⑤对组织要进行定期检查，并且使用图表来促进这项工作；⑥召开会议，统一指挥；⑦不要陷入琐碎的事务；⑧确保团队成员团结、主动、积极和忠诚。

（4）协调。协调是指企业的一切工作都要相互配合，以便企业的经营顺利进行，并且确保企业取得成功。在法约尔看来，协调是一种平衡的艺术。

（5）控制。控制就是要证实一下各项工作是否都按计划进行，是否需要纠正。

1.2.2 管理的十四项原则

法约尔提出了著名的管理的十四项原则，如下所述。

（1）劳动分工原则。法约尔认为，劳动分工属于自然规律。劳动分工不只适用于技术工作，也适用于管理工作。应该通过分工来提高管理工作的效率。但是，法约尔又认为，“劳动分工有一定的限度，经验与尺度感告诉我们不应超越这些限度”。

（2）权力与责任原则。有权力的地方，就有责任。责任是权力的孪生物，是权力的必然结果和必要补充。这就是著名的权力与责任相符的原则。

法约尔认为，要贯彻权力与责任相符的原则，就应该建立有效的奖励和惩罚制度，这也就是我们现在讲的权、责、利相结合的原则。

（3）**纪律原则**。法约尔认为，纪律是一个企业兴旺发达的关键，没有纪律，任何一个企业都不可能繁荣。他认为制定和维持纪律最有效的办法是：①有好的领导；②制定尽可能明确而又公平的规则；③合理执行奖惩。

（4）**统一指挥原则**。统一指挥是一个重要的管理原则，按照这个原则的要求，一个下级人员只能接受一个上级人员的命令。如果两个领导者同时对同一个人或同一件事行使他们的权力，就会出现混乱。

（5）**统一领导原则**。统一领导原则是指对于力求达到同一目的的全部活动，只能有一个领导者和一个计划，也就是一个下级人员只能有一个直接上级人员。

（6）**个体服从整体利益原则**。对于这个原则，法约尔认为，人们都十分了解，但是，往往无知、贪婪、自私、懒惰及人类的一切冲动，总是使人为了个人利益而忘掉整体利益。为了能坚持这个原则，法约尔建议的办法是：①领导者坚定和树立好的榜样；②尽可能签订公平的协定；③认真监督和执行。

（7）**人员报酬原则**。对于各种报酬方式，法约尔认为，不管采用什么报酬方式，都应该做到以下几点：①能保证报酬公平；②能激发热情和让人更加努力工作；③不应导致超过合理限度的过多的报酬。

（8）**集中原则**。这个原则指的是组织的权力的集中与分散的问题。按照法约尔的观点，影响一个企业是集中还是分散的因素有两个：一个是领导者的权力；另一个是下级人员的态度。

（9）**等级制度原则**。等级制度是指组织中各个环节之间的权力关系。

通过这个等级链，组织中的成员就可以知道，谁可以对谁下指令，谁应该对谁负责。贯彻等级制度原则，有利于组织加强统一指挥，保证组织内信息联系畅通。但是，一个组织如果严格地按照等级进行信息沟通，可能由于信息沟通的路线太长而使信息联系的时间延迟，同时也容易造成信息在传递的过程中失真。

（10）**秩序原则**。法约尔所指的秩序原则包括物品的秩序和人的社会秩序。其中，对于物品的秩序，他认为每件物品都有一个最适合存放的地方，坚持物品的秩序原则，就是要使每件物品都在它应该放的地方。

（11）**公平原则**。法约尔主张在管理中要贯彻公平原则。所谓公平原则就是在公道原则的基础上，善意地对待员工。也就是说在贯彻公道原则的基础上，根据实际情况对职工的劳动表现进行善意地评价。

（12）**人员稳定原则**。法约尔认为，一个人要能适应他的新职位，并且做到很好地完成他的工作，需要时间。按照人员稳定原则，要使一个人的能力得到充分的发挥，就要使他在一个工作岗位上相对稳定地工作一段时间，使他能有一段时间来熟悉自己的工作，了解自己的工作环境，并且取得别人对自己的信任。

（13）**创新精神**。法约尔认为，人的自我实现需求的满足，是激励人的工作热情和工作积极性的最有力的刺激因素。对于领导者来说，“需要极有分寸地并要有某种勇气来激发和支持大家的创新精神”。当然，纪律原则、统一指挥原则和统一领导原则等的贯彻，会使得组织中人们的创新精神的发挥受到限制。

（14）**团队精神**。人们往往由于管理能力的不足，或者由于自私自利，或者由于追求个人的利益等而忘记了组织的团结。法约尔认为，管理者需要确保并提高劳动者在工作场所的士气，个人和集体都要有积极的工作态度。

法约尔的管理思想，在今天仍然闪耀着思想的光芒，在某些方面可以继续指导我们的管理实践。

1.3 影响个人绩效的三个方面

影响个人绩效的因素有哪些？借用绩效管理的冰山模型，绩效结果大部分取决于位于冰山上面的看得见的部分。在冰山的下面，影响个人绩效的因素有哪些呢？用一个绩效方程式来表达，影响个人绩效的因素有三项，即能力、意愿与支持，如图 1-8 所示。

绩效 = 能力 × 意愿 × 支持

$P = f$（Skill, Will, Support）

图 1-8　影响个人绩效的三个方面

能力与意愿是属于个人层面的，支持则是属于组织层面的。那么在个人与组织之间，哪个影响所占的权重更大呢？有的人说是个人，有的人说是组织。但如果我们问，为什么同在一个组织或同在一个公司，有的人积极性高、绩效好，有的人则相反呢？看来，关键的因素还是个人。英国威斯特敏斯特大教堂地下室有个墓碑的碑文，说的就是这个道理。

> “当我年轻的时候，我梦想改变这个世界；当我成熟以后，我发现我不能够改变这个世界，我将目光缩短了些，决定只改变我的国家；当我进入暮年以后，我发现我不能够改变我的国家，我的最后愿望仅仅是改变一下我的家庭，但是，这也不可能。当我现在躺在床上，行将就木时，我突然意识到：如果一开始我仅仅去改变我自己，然后，我可能改变我的家庭；在家人的帮助和鼓励下，我可能为国家做一些事情；然后，谁知道呢?我甚至可

能改变这个世界。”

在个人意愿和能力这两个要素之间，哪一个对绩效的影响更大呢？是意愿还是能力？我在课堂上做过调查，统计的结果是，人们选择更多的是意愿。在今天这个互联网时代，学习不再受时空的限制，只要有意愿，当下的工作中所需的一些技能，都是有条件学会的。看来，激发意愿，是团队管理的核心工作之一。

1.4　管理中的三大现实冲突与认知偏差

在实践中，我们经常面临两难的选择，对于管理的认知，无论是在理论上，还是在实践中，都有严重的偏差，甚至是错误。认知上的偏差，会直接导致管理行为的错误，结果也一定不会好。

1. 管理的目的，到底是对结果负责还是对过程负责

从管理的目的来看，如果你是老板，你要什么？当然是要结果。管理永远是要对结果负责的。无论你采用何种管理形式和管理行为，如果不能够产生绩效，那就是无效的管理，是对资源的浪费。但是，企业绩效的达成是由过程和结果两方面组成的，我们既需要好的结果，也需要好的过程。只要结果，不要过程，结果可能无法持续；只要过程，没有结果，组织可能无法生存。既要结果好，又要过程好，更多时候是一种理想的选择。对于管理者而言，如何基于实际情况，平衡好结果与过程？选择三七开，还是四六开？这是管理的痛点和难点。

例如，当管理者在对下属进行绩效评价的时候，是看结果还是看过程？换句话说，是看功劳，还是看苦劳？有两种观点：一种观点认为绩效评价只看功劳，不看苦劳，只有功劳才会产生绩效，苦劳不产生绩效；另

一种观点认为，绩效评价既要看功劳，也要看苦劳，要视情况而定。在现实工作中，一些不成熟的企业看结果多一些，如创业初期的企业，大多以结果为导向；而一些成熟的企业，特别是一些大型制造企业，过程的比例占有相当大的权重，如丰田的精益生产管理。我们反对两个极端：一是“只看功劳，不看苦劳”的短期主义；二是寻找借口，“没有功劳，也有苦劳”的不作为思想。

另外，还有一个难题，就是关于能力和态度。考核的时候，我们是考核能力多一点，还是态度多一点？我们知道绩效的产生既需要能力，也需要态度。如果说能力不好考核，那么态度就更难考核了。主观的成分越多，准确评价就越难这是一个不争的事实。那么，如何平衡呢？什么情况下考核能力多一点？什么情况下考核态度多一点？在大多数情况下，对于那些类似流水线操作性的工作，我们更多强调过程和流程导向，考核态度多一些，看其是否按照要求操作和遵守规范；而对于那些研发和创新性的工作，则更多强调自主创新和结果导向，考核能力多一些，看其是否能够创造出有价值的成果。

2. 如何选人用人，重才干还是重品德

品德和才干，即红与专，一直是对于人才评价的两个维度，几乎所有的人都会选择德才兼备的人，也就是又红又专的人。但理想总是很美好，现实却是很骨感。我们面对的现实，80%的人不是德才兼备的，对于这些人，我们必须在才干和品德之间做选择。那么，你是选品德还是选才干？

还记得蒙牛曾经有一个红遍大江南北的 CEO 吗？对，他就是牛根生。牛根生当年在中央电视台《赢在中国》的节目中讲过一段话，因为通俗，影响和传播甚广。他把人分为四类，强调了他的用人哲学：无才无德，坚决不用；有才无德，限制使用；有德无才，培养使用；有才有德，破格重

用（见图 1-9）。由此可以看出，牛根生的选择是清晰的，品德大于能力。

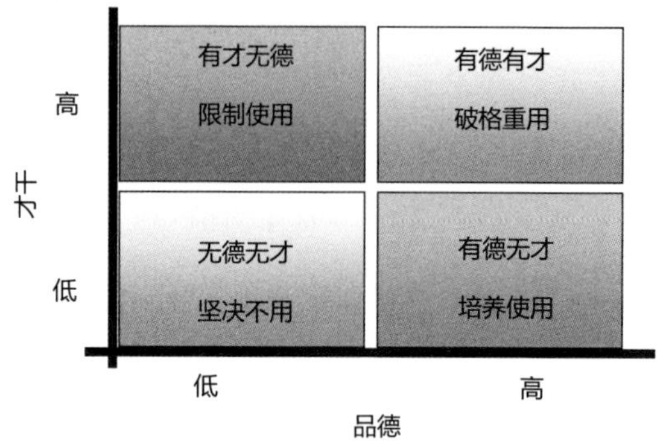

图 1-9 牛根生的人才观

在品德与才干不可兼得时，用人是重品德还是重才干，如何用好这两种人，是对管理者的真正考验。从现实主义的角度，需要考虑两种情景：如果你现在人才很多，事情也不复杂，可替换性很强，大家都能干，那么当然要使用一个品德好的人；但是，如果你现在人才稀缺，事情很复杂，只有一个人能干，可替换性很差，那么这个时候，恐怕你还得用好能人。这也正是考验你的领导力的时候，如何用好一个有“缺点”的人才。

对于人才的选用育留，我们经常在两个方面犯错误，处理不好德与才的关系：一是在人才招聘方面；二是在干部提拔方面。

在人才招聘时，我们看重什么呢？我们往往看重的是能力，经常询问的是经验，如做过什么样的项目，过去任职的公司的背景。在人才招聘进来以后，常常出现要么水土不服，要么价值观不匹配，干了一年半载，人才离职了的情况，最后得到一个双输的结局。因此，在招聘人的时候，一定要做好背景调查，了解清楚他的理念与价值观，比如，是否有正向思维，对公司的价值观是否认同，是否有团队合作精神与责任感，等等。所以，岗位面试很重要，在某种意义上讲，选择人比培养人重要一万倍。

那么，在干部提拔的时候，我们要看重什么呢？通常会提拔什么人呢？调查结果显示，人们往往喜欢提拔的是能人，即那些绩效好、能干的人。结果，可能由于德不配位、使用不当，能力越强、岗位越重要的人，对公司造成的损害越大。管理中有一个彼得原理，即人往往会被提拔到一个有更高要求的岗位。一旦胜任，就会再次被提拔到更高岗位。这是一个两难的悖论。因此，高管领导者的品德就非常重要，因为信任而被尊敬、被支持、被拥护，得以发挥领导的作用。所以人才选择、高管任命，一定要看品德，重品德。

请大家一定注意，上面说的两种情景，一是外部招聘，二是内部提拔，都是指人才的选择，而不是绩效评价，我们强调品德的重要性。然而，在绩效考核的时候，我们不要忘记绩效是第一位的。因为在这之前的招聘任用，我们的假定是已经对人进行了基本的考察，现在该是发挥其才干与能力、为公司创造杰出绩效的时候了。认识清楚这一点很重要，不要混为一谈。

3. 管理是一种权力，如何做好责权利的分配

管理其实说复杂很复杂，说简单也很简单。管理的核心，本质上就是要做好三个方面的分配，即责任的分配、权力的分配和利益的分配。华为在《华为管理基本法》中提出，管理的核心是要做好价值创造、价值评价和价值分配三个方面的工作。工作中通常出现的问题，就是因为责权利没有分配好，导致管理出问题和混乱。做好责权利的分配，需要遵循的原则是什么？如果我们把责权利分到一个三角形的三条边，管理的一个基本原则就是要对等，就是要让责权利成为一个等边三角形。

在管理工作中，我们都知道授权的重要性。但其实很多人、很多领导对授权并没有搞清楚，思想上存在很多错误的认知。例如，当我们说授权的时候，大多数人理解为要把权力授予出去。但是，如果我们进一步问，

责任是否也可以授予出去呢？在课堂上，我们得到的答案是，有的人说可以，有的人说不可以，而且差不多是一半对一半，这就说明认知的混乱。设想一下，如果一名管理者只知道授予权力，而不懂得授予责任，权力会不会被滥用？授权的效用会不会被降低？因此，对于授权，正确的姿态应该是，既要授权，也要授责，责和权都要授予出去。

更多的时候，我们发现管理者只是授予责任，而喜欢把权力和利益留下。例如，领导者通常是这样下达命令的：事情如果没有做好，我拿你是问。责任就这样被授予出去了，但下属由于缺乏权力与资源，或者缺乏激励，事情并不能做好。当然，也有一些管理者害怕下属犯错误，把权力留下，把利益和责任一起授予出去。还有一些管理者认为，责任、权力和利益都应该留在自己的手上，根本不做分配。当然，这是最差的一种。

管理者的责任是完成绩效，是通过别人完成目标与任务。因此，做好责权利的分配，在界定责任的同时，给予相应的权力，并且配备给下属合适的资源，给他们恰当的利益，才是正确的管理之道。

1.5 高效管理的四个行为导向与应对四个“假如”的措施

1. 高效管理的四个行为导向

高效管理是要拿结果说话的，要有很强的执行力。执行力的提升，需要加强四个方面的行为导向（见图 1-10）。

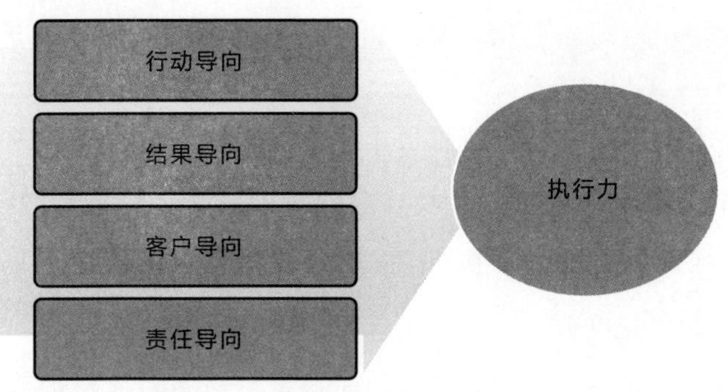

图 1-10　高效管理的四个行为导向

（1）**行动导向**。凡事行动第一，强调速度与激情。有行动，不一定有结果；但没有行动，一定不可能有结果。

（2）**结果导向**。苦劳不等于功劳，不仅要有行动，还要讲究行动的结果。凡事强调价值的创造与价值的贡献。

（3）**客户导向**。不以自我为中心，而以客户为中心，客户说好，即结果好；客户说不好，即结果不好。客户价值成为评判结果好坏的标准。

（4）**责任导向**。凡事不管有没有安排，执行的要义是要对自己负责，对他人负责，对领导负责，对团队负责。以李书福为代表的敢闯敢干的许多温州成功的人士是真正的行动派。有人生动地形容他们：说尽千言万语，走遍千山万水，想尽千方百计，吃尽千辛万苦，见过千奇百怪，最后成就大业。

因此，管理者要想高效管理，就要抓好四个行为导向，创建机制、流程与制度，支持四个行为导向的执行与落地，让员工成为一个靠谱的人、一个有责任感的人、一个有益于团队的人和一个为团队创造价值的人。

2. 应对四个“假如”的措施

只有个体的行动是不够的，组织要想获得强有力的执行力，需要一套体系做保障。

好绩效是领导出来的，是监督出来的，是检查出来的。IBM 的郭士纳说：“人们不会做你期望的，人们只会做你监督和检查的。”好的管理者要学会逆向思维，面对四个“假如”，均采取切实有力的措施，确保绩效结果的达成（见图 1-11）。

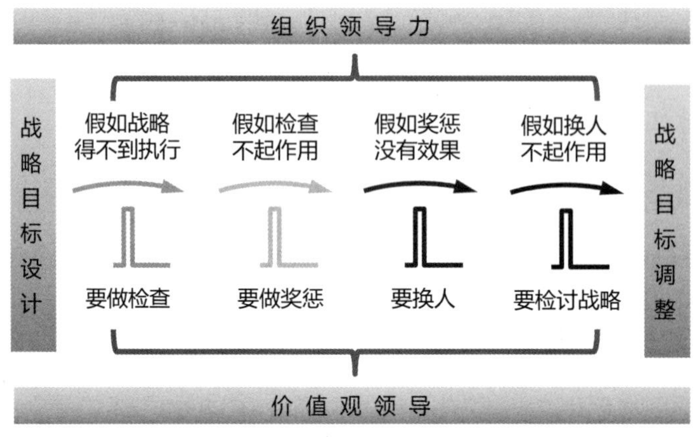

图 1-11　管理过程中的四个“假如”的措施

（1）假如战略得不到执行，怎么办？那就要加强检查，加强督促。先有过程，后有结果。想要好的结果，先要确保过程的可控性。检查的方式可以是自己检查，也可以是别人检查；可以是自上而下地进行抽检、巡视，也可以是飞行检查或秘密检查。著名品牌汽车的 4S 店管理都有这样的检查制度。检查还可以是自下而上的，通过定期的报表、会议，以及 IT 系统进行跟进。有了 IT 系统，通过大数据技术，检查将会变得简单而可靠，连做假的机会都没有。

（2）假如检查不起作用，怎么办？检查是手段，不是目的。假如检查不起作用，那就要加强检查的权威性，要对结果进行奖惩。奖惩可以是经济性的，也可以是精神性的。检查后的通报、排名、公布榜单、限期整改等方式，都是有效的奖惩手段。

（3）假如奖惩没有效果，怎么办？事不过三，假如奖惩没有效果，那就要考虑换人了。

（4）假如换人不起作用，怎么办？那就要考虑和检讨一下战略了。要检讨战略制定得是否合理，目标是否清晰，范围是否明确，风险是否适当，阶段里程碑是否可行，资源匹配是否到位，文化是否支持，等等。如果不合适，就要考虑调整战略。战略是对未来的设计，是对未来的预判，没有人能说自己的战略永远正确。在互联网时代，人们应对快速变化的一个方法，就是迭代，也就是小步快跑，不断勇于试错。时代变了，你的管理方式也要变。

1.6 推动执行的五个“凡是”

执行是一个世界级的难题，所有的管理是要靠执行落地的。一般来讲，执行是指下属对上级，强调的是下属的自动自发和结果导向；领导是上级对下属，强调的是如何确保下属不犯错误、少犯错误，不仅交付结果，还要不断学习和成长。好的管理不仅强调人的作用，更强调机制流程的设计。如何设计一个有强执行力的管控流程，是团队规范化管理的一个重要部分。一般的日常管理，通过流程机制即可，有规定的按规定办理。管理者的重心，更多的是处理例外情况，处理那些机制流程没有规定的事情。要明确责任人、明确分工，还要把常发生的例外变成例内，成为机制流程的一部分。企业的管理优化，就是这样一步一步进行的。

下面是关于推动执行的五个“凡是”（可以概括为 5P），简明扼要，好记好用（见图 1-12）。通过五个“凡是”的管理，可以形成一套闭环的 PDCA 流程。

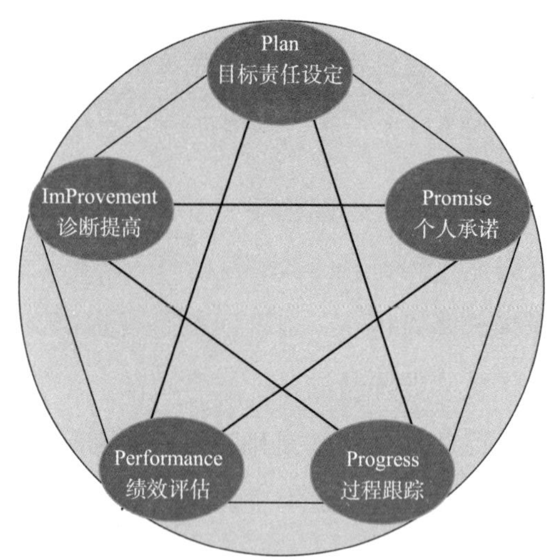

图 1-12　推动执行的五个“凡是”

1. 凡事必有计划

如何制订一个计划？什么是好的计划？一个好的计划要拥有什么特性？一个有效的、可执行的计划，需要具有“三可”特性，即可执行、可检查、可落地。这“三可”并不容易，需要明确“5W2H”这七个方面，对这七个方面要进行清晰地定义。

- Who，谁做？
- What，做什么？
- When，什么时候做？
- Where，在哪里做？
- Why，为什么要做？
- How，怎样做？
- How much，需要什么资源？

为一件简单的工作制订简单的计划，采用 5W2H 方法就可以了。但对于一件复杂的工作，比如，开发一个新产品、做一个工程项目，那就需要复杂的方法，如用项目管理的方法制订工作计划。项目管理有一套科学成熟的体系，从项目启动、项目计划、项目执行、项目监控到项目收尾，都有明确的规范和一套实用的工具模板可以应用。

会做计划是一回事，想不想做计划是另一回事。不想做计划也不是没有原因的，其中被提到的一个最主要的原因是，计划赶不上变化。于是有一些“聪明人”就说，那还不如不做计划，或者晚一点做计划，现在做的计划如果不适用，也就没有意义了。这当然是一个错误的认知。环境变化是一个事实，但这绝不是不要计划或计划没有用的一个理由。事实上，正是因为有变化才特别需要计划。如果我们问“什么叫变化”，想一想，你会怎么回答呢？所谓变化，就是指与计划不一样的地方。因此，如果没有计划，我们根本就不知道变化，也无从知道变化的大小。如果连变化都不知道，我们又如何采取相应的措施，应对变化、纠偏计划呢？艾森豪威尔将军有一句名言：计划什么都不是，计划就是一切。他解释说，战争一旦打起来，原先的计划经常是不中用的，但是计划是非常有用的。

2. 凡计划必有承诺

能否赢得下属对目标与计划的认同与承诺，是管理的重要部分。在事前，管理者应沟通工作目的、意义、目标、责任和资源，倾听下属的心声，帮助其消除疑惑和顾虑；在事中，管理者要沟通进展、问题和风险，做好反馈与辅导，帮助员工达成绩效；在事后，管理者要沟通结果、经验教训和改进方向。很多人简单地认为，员工只要对承诺签字就可以了，但这仅仅是纸面上的承诺。从执行的角度看，更重要的是赢得人们心理上的承诺。签一个心理上的契约合同，比签一个纸面合同重要得多。

3. 凡承诺必有检查

人们不会做你期望的，只会做你检查的。不仅只是对结果检查，还要对过程检查，跟踪关键的里程碑节点。当一个个节点都按计划达成了，最后的结果也就有了保障。

4. 凡检查必有奖惩

奖罚不是目的，只是一种手段。奖罚的背后，是一种期望管理，通过奖惩，强化下属好的行为和结果意识。在动物园的海洋馆里，我们常见到这样的情景：当海豚表演完一个动作以后，训练师就会给海豚一条小鱼。为什么？人和海豚之间的沟通是这样的：伙计，干得不错，还想吃吗？请你下一次跳得更高、更漂亮一点。这是现代管理学理论所倡导的行为，是正激励、正强化的一个应用。无论是巴普洛夫的条件反射理论，还是麦克里兰的成就动机理论，都强调对行为的正向激励与塑造。奖励可以是物质的、外在的，也可以是精神的、内在的。奖励的另一面是惩罚。什么时候奖励？什么时候惩罚？有专家说，当你想要一个人做什么的时候，奖励比惩罚更有效；当你想要一个人不做什么的时候，惩罚比奖励更有效。比如，当你想要销售人员超额完成目标任务的时候，你可以采取梯阶提成的激励方式；当你想要员工不迟到早退的时候，你可以采用迟到者交水果基金的方式。但一定要记住的是，奖惩的目的是惩前毖后，这个目的决定了奖惩的策略。《史记·司马穰苴列传》中有一个要诀：要取信，罚不如赏，赏大不如赏小；要立威，赏不如罚，罚下不如罚上。在现实工作中，奖惩还真不是一件简单的事情。

5. 凡奖罚必有改进提高

一件事情做完以后，结果可能是好的，也可能是不好的。无论结果好坏，管理者都要学会总结，经验总结是一种最好的学习方式。经验总结也叫复盘，有一套成熟的方法。我们发现在现实中，张三犯的错误，李四照样犯；这个月出现的问题，下个月照样出现，团队总是在低水平地不断重复犯错。如何解决这个问题？事后认真进行经验总结，按照流程做好复盘，是促进团队学习和成长的方式。

1.7 管理成效的评价与评估

管理的好坏如何评价呢？企业作为一个经营实体，经营的好坏总是要用结果说话的。企业挣钱、盈利了，是不是就意味着企业管理做得好呢？好像还不能这样简单地回答。有时候企业经营得很好，并不是因为管理得好，而是因为赶上了一个好时候，市场大盘很好，客户需求旺盛。比方说，在 2010 年以前，豪华品牌的汽车销售市场供不应求，往往客户交完订金以后还不能马上提到车。如果想要早一点提到车，还得多交钱。可惜这样的时代一去不复返了。

正确评价企业管理的好坏需要一套体系，而不是仅以盈利指标评价就可以了。有一个系统评价工具叫平衡计分卡用得较为广泛。平衡计分卡是由哈佛大学教授卡普兰与诺朗顿提出的，他们于 20 世纪 90 年代初开展了一个课题研究，探索未来组织绩效的衡量方法，目的是要找出超越传统的以财务指标为主的绩效评价模式，以使组织的策略能够转变为行动。

非常有意思的是，卡普兰当时是财务学系的教授。平衡计分卡作为绩效评价的体系，如今发展成一套战略管理的工具，包括一卡、一图和一表三个落地的实操方法和模板，在企业战略规划与执行落地方面，发挥着非常重要的作用。

平衡计分卡作为一套系统的评价工具，涉及四个维度，即财务维度、客户维度、内部运营维度和学习发展维度（见图 1-13）。平衡计分卡反映的是企业运作的规律，颠覆了仅仅使用财务一个维度评价企业管理好坏的传统方式。

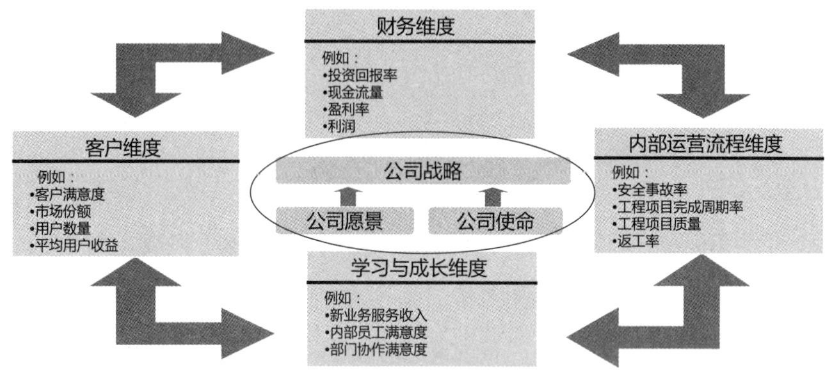

图 1-13 平衡计分卡的四个维度

平衡计分卡的四个维度，存在着紧密的逻辑递进关系：

- 企业运营的好坏，需要用财务指标来衡量，如利润是多少。
- 利润从哪里来？需要回答客户在哪里，客户是否满意。
- 客户所需要的产品与服务从哪里来？要靠企业的运营体系，包括流程、生产与创新。
- 企业管理体系如何不断变化和与时俱进？需要员工和团队不断学习与成长，培养相应的素质与能力。

如此这般，平衡计分卡在本质上，一方面是一套全面评价管理与运营体系的工具；另一方面是一个战略规划与分解的工具，帮助企业不断把无形资产转化为有形资产，聚焦对外经营和对内管理的工作重点和本质规律。

1.8 绩效管理的六步流程

摩托罗拉当年有一套管理哲学，认为企业管理就是要做好产品与服务，好的产品与服务要靠优秀的人才，人才管理的背后就是要做好绩效管理。因此，企业管理在某种意义上就是要做好绩效管理。

绩效管理是一个复杂的系统，有一套完整的流程，我把它总结为六步，如图 1-14 所示。

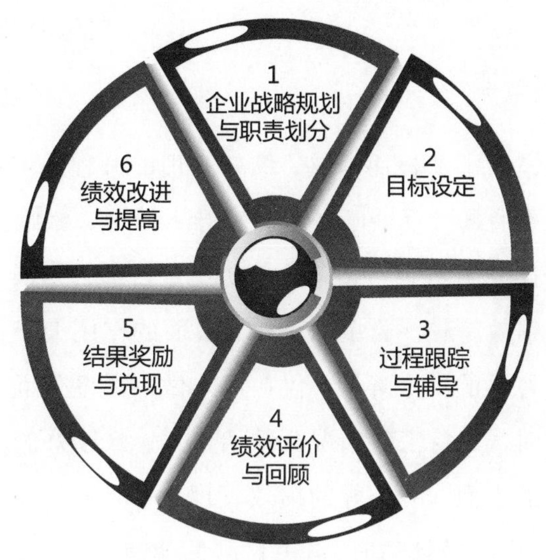

图 1-14　绩效管理的六步流程

1. 企业战略规划与职责划分

战略决定目标，目标决定行动，行动决定结果。绩效管理的逻辑起点，要先有战略规划，有清晰的组织职责体系，这是战略分解的基础，也是设定 KPI（Key Performance Index，关键绩效指标）的前提。战略制定既是自上而下的，也是自下而上的，往往会经历几个来回。企业战略制定的最后输出成果，包括战略方向、战略重点、战略目标和量化的目标。

2. 目标设定

千斤重担众人挑，人人头上有指标。目标从上至下层层分解，是一项非常有意义的团队活动。KPI 包括关键业绩指标，不是全部业绩指标，业绩指标可以有很多，但关键业绩指标有 3~5 个即可。对于自上而下的指标分解，最重要的是要找到关键成功要素。此外，目标的设定，一定要上下达成共识，要沟通目标的意义、数据来源、考核办法，以及考核标准和奖励措施等，最后签订绩效考核任务书。

3. 过程跟踪与辅导

绩效管理不是为了考核而考核，绩效管理的过程强调沟通、反馈、辅导和激励。沟通不通畅，反馈不及时，辅导不给力，激励不到位，最后的结果往往也不会让人满意。如果只是年初设定目标，年末考核打分，就把绩效管理做成了绩效考核。简单的考核，负面的作用大于正面的。绩效反馈是被很多企业忽略的一个环节。仅在期末做一次绩效面谈是不够的，平时也要在需要的时候，将工作情况反馈给员工，鼓励好的方面，同时指出不足和需要改进的方面。一个好的绩效管理，平时的沟通、反馈和辅导工作做得好，年末在做绩效评估时，员工自己都会知道自己会得 A 还是得 C。一个不好的绩效管理，往往是员工认为自己会得 A 或至少应该是 B，而实际得到的却是 C。过程没有做好，期望没有管理到位，矛盾自然会放大。

4. 绩效评价与回顾

绩效评价是绩效管理中的重要环节，价值创造如果得不到正确的评价，就会伤害当事人的积极性。绩效评价主要是基于年初设定的 KPI，对工作进行回顾，通过一些考核评价方法，对员工的工作表现给出评分，然后基于团队情况，把员工分成 A、B、C、D 几类。分类粗一点好，还是细一点好？例如，是分 A、B、C 三类，还是分 A、B、C、D，E 五类？这要基于企业的需要。一般来讲，当体系不成熟的时候，分得粗一点为好；当体系成熟后，分得细一点为好。

5. 结果奖励与兑现

业绩的背后是团队，团队的背后是管理。如何对绩效评价结果进行奖励与兑现，是组织机制的一个部分。激励的手段可以多元化，包括薪酬、晋升、职业发展、末位淘汰和精神激励等。值得注意的一个问题是，绩效管理只是企业管理中的一个体系、一套方法与手段，不要给绩效管理赋予太多的职能，试图把所有的东西都装进去。回到绩效管理的初衷，绩效管理就是为了实现关键的 KPI，帮助企业达成最重要的战略目标。

6. 绩效改进与提高

绩效管理需要形成一个闭环，奖励与惩罚都不是最终的目的。我们期望每个人对过去一年的绩效表现进行反思，做得好的方面继续保持，做得不好的方面要制订一个改进计划，提出在新的一年个人需要哪些方面的支持。比如，对素质与能力的提升，需要制订自己的学习计划，也就是个人发展计划，让个人的学习与成长和绩效的发展保持同步。

1.9 绩效管理十大场景问题与案例研究

绩效管理是一个世界级的难题。世界 500 强企业也好，国企与民企也罢，都有绩效管理，但又都面临众多的问题。推行绩效管理工作，不仅高层痛苦，中层痛苦，基层也痛苦。高层痛苦什么呢？高层领导者疑惑，为什么绩效管理实施很多年了，但绩效好像并没有得到什么改善，积极性没有提升；中层管理者的痛苦是，我们整天忙于“救火”，根本没有时间做绩效管理，本来生产任务与项目就已经够忙了，还要增加绩效管理那么多的工作，简直就是添堵、添乱；基层员工也痛苦，他们不理解绩效管理，抵触绩效管理，因为他们的亲身感受是，所谓绩效管理，就是想多扣员工一点钱，想让员工多干一点活；最痛苦的，不是高层领导者，不是中层管理者，不是基层员工，而是 HR 部门。为什么呢？因为其受上级领导委托，强令推行绩效管理工作，但又感觉总是推不动，推不下去。用“霸王硬上弓”的方式不行，用“和风细雨”的方式也无用。如何做好绩效管理？这是 HR 部门一个永远的痛，也是对企业各级领导者的真正考验。总之，绩效管理是一把双刃剑，也是战略执行与落地的一个抓手。

绩效管理不仅有一套完整的理论体系，还是一门具有实践性的领导艺术。理论联系实际，解决绩效管理的难题，针对不同的企业特点、不同的发展阶段、不同的场景应用、不同的战略诉求、不同的企业文化，制订一个适用的绩效管理方案，让绩效管理为企业战略服务，为企业转型、创新和升级服务，绝不是一件容易的事情。绩效管理是一项战略工作，它不仅涉及组织的绩效与薪酬体系，还涉及企业的战略、组织文化和管理体系，特别是，需要各级领导者的领导力，因为推行绩效管理工作，本质上是一场变革，是对人的权力和利益的再调整，是需要动人的“奶酪”和人的利益的。下面，我们针对企业在绩效管理中最常见的 10 个典型场景与问题，进行一些实际案例的探讨，期望对你有所启发和帮助。

【场景问题 1】如何不把绩效管理做成业绩考核，从战略的高度认知绩效管理

企业在推行绩效管理时面临众多的问题，许多人没有正确认知和理解绩效管理的战略属性，把绩效管理当成了一个战术工具，一个 HR 驱动的管理项目。于是，在推行绩效管理时，面临众多的困境，例如：①要不要强制性分布；②末位的人淘汰不了，绩效评价没有意义；③绩效结果没有与薪酬挂钩，或者挂钩很少，考核没用；④如何处理公平与效率的关系，到底是公平第一，还是效率第一？所有这些问题，不站在企业领导者的角度，不站在战略的高度，不理解绩效管理的战略意义，都是一个无解的方程式。

如何不把绩效管理做成业绩考核？如何让大家从战略高度认同绩效管理、支持绩效管理？这需要考虑下面三个方面。

（1）无论是强制性分布、末位淘汰，还是绩效与薪酬挂钩，都是要为战略服务的。一个可以学习的案例，就是一汽的徐留平。他独自一人从长安北下一汽，新官上任，如何推动一个庞大的、具有 60 年历史的老国企的变革？徐留平在战略上提出了一个中心，即一切要以“价值创造”为中心；在战术上，坚持“四能机制”，即干部要能上能下，人员要能进能出，工资要能高能低，机构要能增能减。战略、战术清晰了，剩下的还需要一个抓手，帮助战略的执行与落地，那就是绩效管理体系。企业如何选贤用能？如何奖优罚劣？一切让绩效结果说了算，企业便有了变革的标准，团队便有了变革的动力，人员才有了变革的决心。“乱世之下，必用重典。”绩效管理和强制性分布事实上变为一个重拳出击的有力武器。战略决定组织，组织决定流程，流程决定绩效。因此，在一汽，徐留平推行绩效管理，强调绩效导向，采用“244”的强制性分布。

（2）关于公平与效率，这是许多传统企业的一个老大难问题。理性地选择，大家都会倾向于选择效率，但在现实的环境下，又不得不考虑公平。对于操盘手来说，这确实并不容易。例如，像一汽红旗这样的自主品牌，正处于艰难的爬坡期，实行效率第一，公平第二，就是最好的选择；对于发展中的企业，选择效率优先，兼顾公平，最有利于企业长期持续和健康地发展；而一些优秀的企业，如华为，其绩效理念更是犀利，任正非认为，效率优先，就是公平。

（3）绩效管理是一个一把手工程。绩效管理是为战略服务的，是战略执行与落地的一套体系，是一个抓手。推行绩效管理，本质上是企业的一场深刻而巨大的变革，不仅动人钱财，还影响人的政治生命。因此，如何推动组织的绩效变革，如何减少变革的阻力，如何统一人们的思想，是一项复杂而艰巨的工程，是一个大项目。把绩效管理的推进工作当作一个项目，做好项目的启动、计划、执行与落地，做好过程的管控和风险的应对，需要专业人员用专业的方法。绩效管理最忌讳的做法是强制性地命令，靠权力推进和执行。如果没有必要的引导，没有专业的培训，没有思想的统一，没有内心的认同，没有方法论的指引，没有配套的体系，没有数据的支撑，任何简单粗暴的行动，最终都会让绩效管理变成业绩考核，离绩效管理的初衷越来越远。

【场景问题 2】如何做好战略分解，找到关键成功因素，确保战略执行有力

千斤重担众人挑，人人头上有指标。战略有效分解，是战略执行与落地的保障。

战略分解不到位，表现出来的典型现象，一是横不连，二是纵不通。所谓横不连，是指部门与部门之间的指标是孤立的，是各自为政的，缺乏相互之间的支持与配合，没有形成端到端的闭环管理。最具讽刺意味的是，经常出现这样一个情况，每个部门、每个人的考核指标都完成了，但公司的总体目标没有完成。此外，一些部门、一些工作没完成，项目没做好，大家总是会找出很多的原因、很多的借口，认为都是其他部门影响了自己的工作，而且总是可以找到很多的证据。例如，销售部门业绩不好，总是会说产品质量有问题；负责产品质量的生产部门，则会说研发部门不给力；研发部门当然也是一肚子苦水，说公司投入不够，开发要求高，进度要求又紧急。如此这般，一环套一环，搞得总经理最后也感觉很无奈。

除了横不连问题，还有纵不通问题。所谓纵不通，是指公司层面的KPI很明确，但往下分解的时候，特别是到了职能部门，往往就没有指标可以分解了，于是把一些日常的、例行的、非战略性的行政工作，弄成了

KPI，应付考核的要求。到年终，KPI 都完成了，得分甚至还可能很高，但公司的战略没有实现。战略分解没有找到关键驱动要素，考核指标最终变成了业绩指标（Performance Index, PI），而非 KPI。大家看起来都很忙，有苦劳，但没有功劳，这便是纵向战略分解不够导致的必然结果。究其根本原因，一是企业没有对绩效指标进行系统的管理，没有形成一张总体的战略地图，清晰地呈现出组织的战略方向、战略重点、战略项目和战略指标，没有与相关业务及职能部门的业绩指标相关联；二是直线业务经理不懂战略分解，不熟悉、也不会运用专业工具，包括平衡计分卡，不知道如何找到关键成功因素，目标的分解大多停留在指标的简单分拆上面，机械地分解各种量化的指标。对于内部运营流程的体系支撑、团队员工的学习和成长，不知道如何分解，特别是在量化的原则要求下，如培训的 KPI 考核最后就变成了 40 个学时数。战略没有由财务指标和客户指标继续往下分解，没有找到关键的成功要素，就不可能执行到位。就结果要结果，最后总是得不到结果。于是领导者们困惑了，团队也困惑了，绩效管理怎么没有效果呢？

战略要想有效分解，需要加强下面的三项关键举措：

（1）明晰企业经营战略，描绘企业战略地图。部队打仗有作战地图，企业战略也应该有战略地图，这个工作的重要性无论如何强调都不过分。利用平衡计分卡，企业的战略地图涉及横纵两个方面，横向呈现的是各个业务单元与职能部门的指标；纵向呈现的是公司的一级指标。通过横纵两条线，清晰地勾勒和描述公司的战略诉求，以及公司的战略诉求是如何与每个部门和业务单元相关联的。关联的属性可以分为三类：强关联、弱关联和无关联。

（2）运用平衡计分卡做好结构化的分解。平衡计分卡是战略分解的一个有效工具，包括财务、客户、内部运营流程和学习与成长四个维度，反映的是企业运作的规律，呈现的是企业经营的本质，从无形资产到有形资产，帮助企业做好战略的分解，明确战略行动。平衡计分卡有三个实用工具，即一卡、一图和一表。借助这三个工具，最终可以帮助我们做好战略分解和行动计划，实现战略与执行的闭环，即将战略转化为目标；将目标转化为计划；将计划转化为行动；将行动转化为结果；将结果改进提高。

（3）把战略分解当作中高管团队的一个最重要的团队活动。战略分解是企业一把手的事情，是战略规划部的事情，也是所有业务和职能部门的事情，是大家每个人的事情。战略分解活动也是中高管团队在一起的一次最好的团队建设活动，是公司一把手最好的一次战略宣贯的机会，是上上下下达成战略共识的一次最好的会议，是把战略做真、做深、做细的一次最佳实践，是一次价值无穷的没有其他方法可以替代的模拟实验。没有宣贯的战略，是不会被重视的；没有经过讨论的战略，边界是不清晰的；没有参与的战略，是不可能被认同的；没有被认同的战略，是不可能有责任感的；没有责任感的战略，是不可能有使命感的。

【场景问题 3】如何帮助直线业务经理提升绩效管理的认识，让其成为绩效管理的第一责任人，并且成为绩效管理的专业人士

首先，直线业务经理处于战场的第一线，平时工作压力很大，“救火”的事情很多，往往会把绩效管理做成业绩考核，只重视业绩指标的达成，不关注过程的沟通与反馈，不知道如何辅导员工，不知道如何激励员工，不愿意投资时间帮助员工学习和成长，不懂得如何给员工和团队赋能。直线业务经理对下属、对团队，“逼”结果的多，“促”结果的少。如何从“逼”结果到“促”结果，是直线业务经理的一道坎儿。

其次，直线业务经理没有经过专业的绩效管理培训，往往是被“赶鸭子上架”，不懂绩效管理，不理解绩效管理，不会做绩效管理。直线业务经理经常犯的一个错误是，把绩效管理的工具当成了绩效管理的目的，不知道如何做好 KPI 的设定、强制性分布和末位淘汰，以及对绩效结果的应用。绩效管理的初衷是要激发员工和团队的积极性，让每个人都成为最好的自己。德鲁克早在 1954 年的《管理的实践》中提出“目标管理”，其初衷不是管控，不是上级给下级设定目标，而是让下级参与目标的制定，让下级真正拥有主人翁精神，以激发下属的积极性和创造性。考核不当、方法不当、流程不当、沟通和辅导不当，最后的结果不但不能激发员工，反而会反其道而行之，打击员工的积极性，与绩效管理的初衷背道而驰。

要想帮助直线业务经理做好绩效管理工作，需要加强以下三个方面的工作：

（1）加强绩效管理培训，让直线业务经理了解绩效管理的战略、目的与意义，从内心深处认同绩效管理的价值与意义。平时训练受一点伤，总比在战场上丢了性命强。

（2）帮助业务经理提升绩效领导力方面的素质与能力，让他们成为绩效管理专家，帮助公司做好战略的分解与落地。直线业务经理需要做好三大转型：首先，从绩效考核到绩效管理；其次，从绩效管理到绩效领导；最后，从绩效领导到绩效战略。

（3）帮助直线业务经理加强绩效领导的过程，特别是要懂得如何做好绩效的沟通、反馈、辅导和激励，这是绩效过程的四项核心能力，是团队绩效教练的秘密武器。如果没有一个好的过程管理，绩效管理就会演变为一场生硬的业绩考核。绩效管理的过程，事实上也是一个直线业务经理学习和成长的过程，倒逼直线业务经理完善管理的机制和流程，提升自己的管理能力和领导能力。这是真正的长期主义，何乐而不为？

绩效管理首先是一种战略，其次是一种战术。绩效管理作为一把手工程、作为战略执行落地的一个抓手，首先需要上下达成共识，从内心深处真正认同。战略的问题不解决，战术执行越精细，带来的问题与冲突就越多。

【场景问题 4】不好量化的工作如何量化？是不是有的工作不量化比量化更好

大型制造企业的一个特点就是组织机构庞大，相关辅助部门众多，从生产、研发到质保，还有党政工团和行政服务，很多工作都不太好量化。例如，质量部门的质量改进工作如何量化？基础研发工作如何量化？纪委监察的工作如何量化？战略规划部门的工作如何量化？培训部门的工作如何量化？教条地要求所有的 KPI 都必须量化，导致很多貌似量化的考核并不合理，无实际意义。最后，指标虽然量化了，但价值不大，流于形式。例如，某公司的战略规划部设定的一个 KPI 是一年中给领导提交的报告数量。某公司的培训部设定的一个 KPI 是人均培训学时要达到 40 个小时。显然，这样的量化指标，价值是有限的，是 PI 而不是 KPI。

此外，还有一些考核，如责任心、积极性、客户意识和创新等这样的素质与能力，都是不好量化的。例如，一家著名的德系发动机公司对中层领导干部的考核有 13 项评价指标，其中包括个性品质、专业知识与技能、逻辑思维能力、创新能力、与上级的沟通能力、客户服务意识……这些指标如何量化评价？如何考核打分？这是绩效管理中常常困扰企业中高管的一个难题。

对于不好量化的工作如何考核？目前有以下三个解决方法：

（1）通过关键成功因素法进行转化，对其进行间接量化。例如，提升组织能力这项工作就不太好量化，影响组织能力的因素有很多，但现阶段主要工作的关键成功因素是领导梯队人才的培养，因此，我们可以通过领导梯队人才培养的数量和领导力培养项目的数量来进行量化考核。当然，提升组织能力，不只有这两个 KPI，随着公司的发展，每年会有不同的要求和侧重点。KPI 一定不能僵化不变，而要根据公司的实际情况和战略变化情况，不断进行调整和更新，配合战略的需要。关键成功因素法的应用见图 1-15。

定性能力指标	表现等级				分数
	优秀 (4)	良好 (3)	一般 (2)	较差 (1)	
• 战略领导			✔		2
• 实施能力	✔				4
• 专业能力		✔			3
• 沟通技巧			✔		2
• 人员培养		✔			3
• 价值观			✔		2
平均分					2.67

图 1-15　关键成功因素法的应用（示例）

（2）对于一些不好量化的事情，特别是涉及人的态度和行为方面的，如积极性、思想价值观的考核，可以通过对结果与过程的目标设定，采用评分的形式，从行为和结果两方面对其进行一个主观地量化评价。

例如，针对一份大客户需求报告，就可以采用如图 1-16 所示的方式进行打分。客户满意度、培训效果评估都可以通过这样的方式完成。

工作 目标	90~100分 非常满意 5	75~90分 满意 4	60~75分 不满意 3	40~60分 非常不满意 2	0 警告处分 1
大客户 需求报告	按时完成，按模板制作，数据图表翔实，对部门决策起决定性作用	按时完成，按模板完成，数据图表完整，对部门决策有价值	没有按时完成，按模板制作，数据图表完整，对部门决策有一定价值	没有按时完成，没用模板，数据不完整，没有提供价值，影响部门决策	没有提交

图 1-16　大客户需求报告五分量表

（3）很多不好量化的工作，如公司的很多专项活动事实上都是一个个项目。例如，质量提升活动、年度创新工作等。项目化的工作早已有一套成熟的管理体系，按照项目化方式进行评价即可。

一般来讲，项目的评价可以从四个方面进行，遵循的是“4321 法则”（见图 1-17）。其中，“4”是指四个维度，即 QQTC，质量（Quality）、数量（Quantity）、时间（Time）与成本（Cost）。通过这四个维度，我们可以设定出多方面的评价指标，包括：

1. 主管经理基于行为、过程表现给出评价

2. 客户基于行为现给出评价

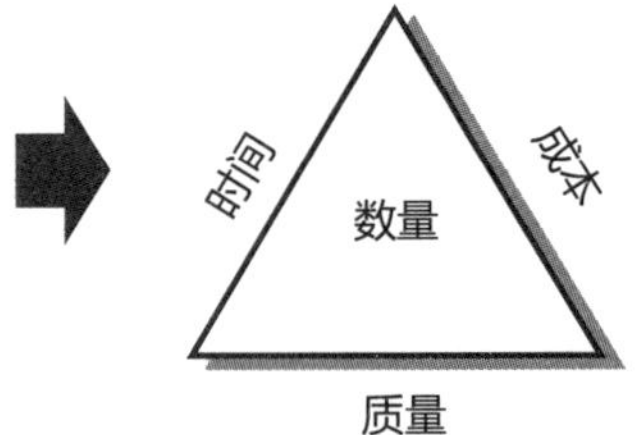

- 时间：完成工作是否及时
- 质量：工作是否按流程、质量标准完成
- 数量：客户产量、客户保持率等是否达标
- 成本：工作费用支出是否合理

图 1-17　项目化工作的考核

- 数量维度：产量、次数、频率、销售额、利润率、客户保持率等。
- 质量维度：准确性、满意度、通过率、达标率、创新性、投诉率等。
- 时间维度：期限、天数、及时性、推出新产品周期、服务时间等。
- 成本维度：成本节约率、投资回报率、折旧率、费用控制率等。

其中的“3”指的是三项原则，即能量化的尽量量化，不能量化的要细化，不能细化的要项目化。例如，提高质量管理水平，就属于可以量化的，我们可以用客户投诉率作为提高质量管理水平的一个量化的指标；对于办公室主任的工作，就属于不太好量化的工作，却是可以细化的，我们可以详细列出办公室主任的主要工作职责，然后再进一步量化。例如，办公室主任的一项职责是协调各部门同公司领导的沟通和汇报工作，上下双方的满意度就可以作为一项考核指标；对于会计、出纳及培训专员等岗位，其工作特点是专一的、明确的，既可以用一些量化的指标来考核，也可以从流程的角度，对其进行把控。例如，会计报税有一套流程，要求其按照流程规范要求准时报税，不要出差错；工资核算也有一套流程，我们可以对其流程上的关键节点，如准时发放工资进行考核。但是，有一点需要指出的是，区分一名好会计与差会计，绝不是以准时发放工资为准的，他还有更重要的工作。

其中的“2”指的是两个方面，即一看行动，二看结果。结果指的是，实现目标后最终期望的价值产出是什么？行动指的是，要达成目标需要采取哪些具体的行动？例如，对于提升领导力，我们可以从行为的方面分析领导需要做什么。事实上，我们可以采取的行动有很多，例如，加强上下级的沟通，明确主管与下属的绩效沟通与面谈的次数，加强对下属的认可与表扬，等等。因此，360 度反馈就可以作为提升领导力的一个考核方法；提升领导力，也可以后备梯队人才的培养，如后备人才的选拔、培养数量等为考核指标。这样，提升领导力就可以拆分出很多量化的考核指标。

最后的"1"指的是一个标准，即 SMART。好目标与坏目标的区分，就用 SMART，这是评价目标好坏的一个基准。SMART 是由五个英文字母的缩写构成的，即 S（Specific）具体的，M（Measurable）可衡量的，A（Achievable）可实现的，R（Relevant）与战略相关联的，T（Time Bound）有期限的。当目标设置好后，就要用 SMART 来检查一下，看是否是一个好目标，如图 1-18 所示。

Specific（具体的）	□ 以动作开始 □ 指定你将完成的结果
Measurable（可衡量的）	□ 从成本、时间、数量、质量方面综合考核
Achievable（可实现的）	□ 考虑挑战性及目前现状
Relevant（与战略相关联的）	□ 确认目标与上司、部门及公司的目标一致
Time Bound（有期限的）	□ 有指定完成的日期 □ 确定进度检查周期

图 1-18　SMART 的详细介绍

总之，对不好量化的工作进行考核和量化，确实是一项专业技术工作，有一定的难度。对直线经理进行专项培训，是解决这一问题的根本出路。没有培训好的员工，是企业最大的劳动力成本；没有培训好的管理者，是企业最大的管理成本。职位越高，管理的成本风险越大。遗憾的是，人们总是短视的，看到的往往是直接成本，而不重视机会成本和边际成本。一名管理者，不仅要了解直接成本，还要会计算机会成本和边际成本，这才是管理的高手！

【场景问题 5】年初设定的 KPI 没有完成，下属认为是外部环境因素影响的，怎么办

计划一旦制订出来，就是一个静止的甚至是僵化的东西。现实是计划总是赶不上变化。年初设定的绩效目标，由于环境的变化、客户需求的变化，可能发生变化。例如，一些项目工作可能需要中止，甚至被取消；一些新的项目工作可能需要加入；还有可能是因为领导者换了，机构调整了，组织的战略方向、战略目标、工作的内容和任务，以及优先级都会发生变化。年初设定的 KPI 如何考核？要不要调整？如何调整？

在大型生产制造企业会有两个现实困难。一个是为了体现年度计划目标的严肃性，企业给予下属成员单位与分公司的绩效目标都是刚性的。另一个是由于大型生产制造企业的强计划性和重资产的投资行为，以及上下游产业链供应商与分销商的约束，目标的调整不仅是一件极为复杂的事情，同时也涉及众多相关方的利益，因此，不到万不得已，不会为了某个部门、某个人的绩效指标的公平性，做出相应的目标调整，这实际上就是一种丢卒保车的无奈之举，其本质是不希望为了绩效管理工作的公平而影响战略的大局。如何既要体现目标的刚性与严肃性，同时还要兼顾外部环境的变化，成为企业绩效管理的一个现实难题。日本丰田的生产计划实行的是一种滚动计划，即每个季度都会基于上个季度的完成情况，做一次目标调整。滚动计划，成为不断逼近现实的一种有效策略与手段。

对于个人绩效而言，我们可以向项目管理体系学习，实行流程化的变更管理。

在项目管理中，有一个重要的流程，叫作项目变更管理流程。在绩效管理中，也应该有一个绩效变更管理流程。当环境发生重大变化、影响员工的绩效目标时，下属可以提出申请，直线上级领导需要做一个评估。如果影响较大，需要上下级之间再进行一次共识沟通，决定对目标与任务是否进行调整，是否需要设定新的 KPI，是否需要调整相应的 KPI 权重，如同年初目标设定一样，双方要就调整后的绩效目标及评估标准再度签署一个新的合约，年底的考核将基于新的标准。变更流程赋予绩效管理适应环境变化的能力，同时也让绩效管理更合情合理。但如果影响不大，变更没有被批准，就意味着当事人要继续按照原来的合约，发挥个人的主观能动性，制定有效的行动措施，想方设法消除外部环境的影响。如果需要资源的支持，也可以向上级提出申请。

绩效管理就应该是这样一个动态的管理过程，也就是所谓的滚动计划。在正常情况下，一个季度可以做一次调整，至少半年应该做一次。总之，绩效管理是为战略服务的，战略需要变化，绩效目标也需要调整，不能把它简单化了、官僚化了、机械化了，让考核偏离绩效管理的初衷，为了考核而考核。当然，动态管理的背后，对一线业务经理的要求更高了，管理工作也加重了，但这是不得不付出的代价，是绩效管理的必要支出成本。这一点，HR 往往对直线经理的培训和要求不够，流程设计上也没有考虑到，或者考虑到了，但没有坚定地去执行。图 1-19 是一个典型的变更管理流程，供参考。

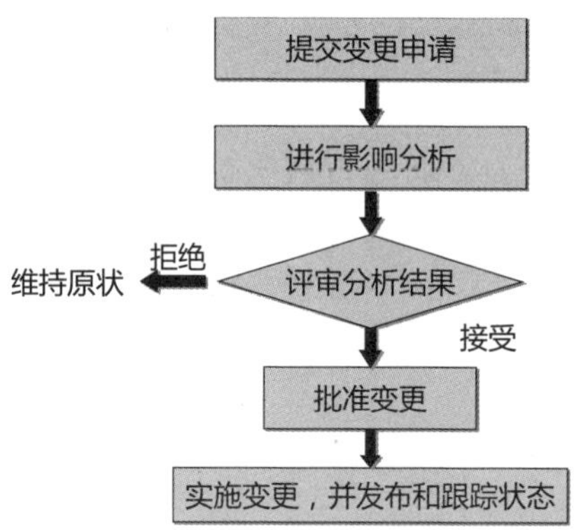

图 1-19　一个典型的变更管理流程

【场景问题 6】如何应对上级领导者强压的高目标？不接受，不行；接受了，完不成，自己吃亏怎么办

无论是在国企、民企还是世界 500 强企业，都会有一些强势的领导者由于市场的压力、客户的压力、上级的压力、竞争对手的压力，给下属下达一些极具挑战性的高目标，或者安排一些难以完成的任务。下级如何应对这样的情景确实是一项考验。事实上，抱怨目标不科学、目标不合理、目标不可行，是绩效管理中下级对上级领导抱怨最多的。

对于上级领导者强压的高目标，有以下三种常见方式：

（1）与上级讨价还价，期待降低目标。比如，上级要求下级完成 1 000 万元的销售目标，下级说只能完成 800 万元，双方讨价还价，最后定格在 900 万元。

（2）与上级讨价还价，如果目标不能调整，就向上级要资源。比如，能不能多给一点人，多给一点项目奖金，多给一点特殊政策，多给一点晋升机会，等等，要求可以五花八门、各式各样。以资源压目标，是下属应对上级高目标的一种惯用手段。

（3）还有一种人，为了讨上级喜欢，年初时大包大揽，但到年底时总是找各种原因和借口。流行的一个“三拍”现象是，年初拍脑袋，盲目承接目标；年中拍胸脯，向上级打包票；年末目标没有完成，拍屁股走人。

正确面对上级设定的高目标，需要从上级和下属两个方面来考虑。

（1）对于上级而言，首先要把目标背后的战略诉求与意义如实地与下属沟通清楚，提供所需的资源，从而激发下属的意愿，鼓励下属勇于承接具有挑战性的指标。阶梯式激励机制的设计，是激励下属愿意承接高目标的一个有效方式（见图 1-20）。

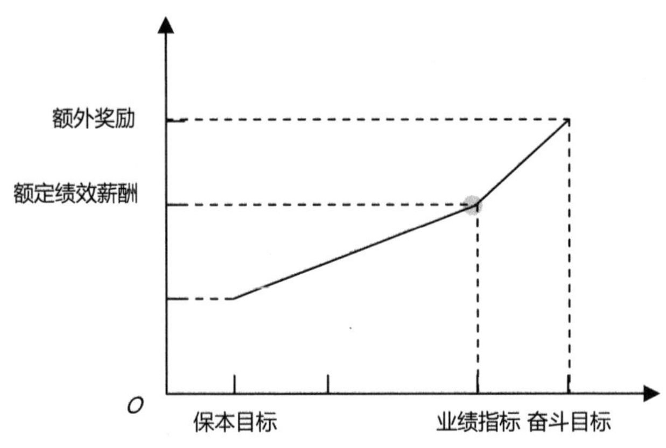

图 1-20 阶梯式激励机制下的目标与奖励

有些人学会了一种“智谋”，深谙一种生存策略：求其上，得其中；求其中，得其下；求其下，得其无。原本期待下属完成 800 万元的销售额，上级一定会抬高目标，给自己留一点余量，压着下属完成 1 000 万元。当然，下属也一样，他们如法炮制，层层下压，经过三四个层级，最后到了底层时，就变成了 1 500 万元—— 一个不可能完成的目标。上级心里明白，下属心里也明白，大家心知肚明，彼此心照不宣，一个“阴谋”套着另一个“阴谋”，知道是皇帝的新衣，就是没有人去揭穿。最后破坏的，不仅是组织的文化，也是领导者的威信。

（2）对于下属而言，有职业精神的经理人对待上级的高目标，首先，在情感上要表达认同，要愿意为上级扛目标，愿意为上级背负压力，愿意与上级成为一条战壕的战友，这样的下属才是好下属。其次，要做资源上的需求评估，做技术可行性分析。要用事实和数据同上级探讨资源的可行性，提出资源现有的差距，请求上级的帮助，而不是对目标进行讨价还价。目标是不可以讨论的，可以讨论的是资源。一般来讲，上级还是讲道理的，在事实与数据面前，问题往往能够得到化解。当然，如果出现另一种极端情况，怎么办？即上级的目标不能改，资源也不给。在这种情况下，下属又如何是好？很多人说，既然上级不讲道理，那就只能选择放弃了，辞职走人。走人是没有问题的，这没有什么难度系数，也不是上上策。如今的社会，每个人都是自由的，选择辞职什么时候都可以，我们把它放到最后一个选项。

面对不可能完成的目标，除了辞职，还有什么其他选择吗？我们认为可以选择拼搏不放弃。一定要尽自己最大的努力，拼出一个结果。当然，拼搏的结果有两种：一种是目标实现，苦命人成为真英雄；另一种是拼尽吃奶的力气，最后仍然无功而返，光荣地成为烈士。无论是哪种情况，职业经理人的职责都尽到了，使命也完成了。一般来说，当下属全力以赴的时候，其态度、行为和付出上级是有感觉的，如果还是达不成目标，上级在过程中往往会对高目标做出相应的调整。作为一个职业经理人，要明白这个道理：目标不是用来讨价还价的，是用来选人用人的；目标不是用来讨价还价的，是用来激励和创新的。穿老鞋，走老路，只能是平庸的目标，不可能有新面貌，不可能成为第一。高目标的背后，其实考验的是人，考验的是人的勇气和决心，考验的是人的创新与胆识，考验的是人的潜力与智慧！只有打破思维上的限制和资源上的约束，才能完成看似不可能完成的目标与任务。好的人才都是这样脱颖而出的。

【场景问题 7】职能部门如何设置科学合理的 KPI

在绩效管理中，最不好考核的就是职能部门。但是，从绩效管理的战略来讲，越是不好考核的部门，越需要考核；越是不好量化的工作，越需要量化。职能部门的工作繁杂而琐碎，最忌讳行政化，最怕的是苦劳很多，而没有功劳。职能部门的工作如何为公司战略服务，为公司业务服务，为组织能力提升服务，是职能部门绩效考核的重中之重。

例如，某公司对于人力资源部的一个考核指标是人才流失率。因为公司要求指标一定要量化，所以有了人才流失率这个考核指标。为了量化而量化，设定类似指标的例子举不胜举。人才流失率确实是一个重要指标，也是与人力资源部工作密切相关的，但是，人才流失不仅与人力资源部的工作有关，也与业务部门和组织的其他众多因素有关。对于人力资源部而言，可能更有价值的工作是做好公司的人才盘点与人才发展方面的工作。人才盘点做好了，人才发展也就更有针对性了。相较于考核人才流失率，聚焦人才盘点与人才发展，似乎更加积极主动，因为人才流失率是一个结果性的、滞后性的指标，不能直接驱动人力资源工作。因此，对人力资源部的考核，选择人才盘点和人才发展作为年度考核重点，比考核人才流失率更具有战略意义，也是更好的考核指标。当然，公司战略也可以是降低人才流失率，上级也可以把它当作一个年度战略，把这项工作当作一个项目，由人力资源部牵头，对人才流失率负总责，那么人力资源部的工作恐怕就是要做好项目设计，从公司的人才战略、薪资结构和绩效管理体系等入手，设计好项目的范围和里程碑，把项目做实、落地。这个时候，对人力资源部进行项目化考核，好过用一个人才流失率作为 KPI。

那么，人才盘点和人才发展工作如何考核？指标如何量化？我们可以按照前面所讲的，把它们当作一个项目来推进，用项目管理的方式，明确项目的目标与范围，明确项目的里程碑，明确项目的交付物成果，在 QQTC 四个维度进行考核和评价。

再举一个例子。某公司年度战略之一是创新，对技术开发部设定的一个 KPI 是专利申报数量。这个看似量化很好的 KPI，却并不具有战略驱动意义。事实上，对公司而言，创新战略的真正诉求，是期望提升组织的创新意识和创新能力。制定一套创新的流程与规范、构建一套创新的激励机制与政策，是年度战略的重点，而非专利数量。所以，设定 KPI 的工作，绝不是仅仅提出量化指标就可以了。如果不理解战略的意图，设定的 KPI 即使非常量化，也不具有战略意义。

总之，对于职能部门的考核，不要为了量化而量化。事实上，公司的战略是通过一个一个项目落地的，考核项目，比简单的量化指标更有价值、更有战略意义。因此，对职能部门的考核，一定要注意不要为了量化而量化。职能部门一定要围绕着管理职能，对齐组织战略，为战略服务，为业务服务，为转型创新服务。

如何设定一个好的 KPI？设定 KPI 的时候，要遵循什么样的规律？图 1-21 所示的七大原则具有实际指导意义。

1．是否与对战略的贡献度关联大？
2．是否与责任人工作强相关？
3．是否具有挑战性、可控性？
4．双方是否已经充分协商，明确了责权利？
5．是否可以量化？不可量化的是否已细化、项目化？
6．是否有可靠的数据来源？
7．下属是否能得到激发和激励？

图 1-21　筛选 KPI 的七大原则

除了上面讲到的，对职能部门而言，还有一个考核的难题，就是很多考核指标都是综合性的，不是一个部门所能承担的。例如，质量部门的一个常见指标是产品缺陷率或客户投诉率。这显然是一个综合性的指标，不是质量部门一个部门的事情，涉及公司的方方面面，如生产研发和采购等。那么，公司可不可以用这一指标考核质量部门？质量部门要不要承接这个指标？考核质量部门这样一个综合性的指标，公平不公平呢？

在回答这些问题之前，我们需要了解公司 KPI 体系的分层设置机制。公司有一级 KPI、二级 KPI 和三级 KPI。质量部门作为牵头单位，作为项目负责人，承接的质量指标是公司的一级指标，质量部门需要把自己承接的指标做进一步的分解，把研发、生产、采购等部门需要配合的工作也纳入进来，把质量提升活动当作一个项目去推广和落实。总之，公司可以把产品缺陷率和客户投诉率这样的绩效指标交给一个部门，可以是质量部门，也可以是客户服务部，让其最终对结果负责，但并不意味着所有的工作都是由质量部门或客户服务部自己去完成，质量部门或客户服务部所扮演的角色，是这个专项工作的发起人和项目管理单位，要驱动项目的全面工作，对项目最后的交付成果负责。

【场景问题 8】如何做好战略分解，找到关键成功因素

很多专业人士说，搞平衡计分卡容易，但找关键成功因素难，这句话一点都不假。企业战略执行与落地的全部学问，就是如何找到 KSF。古希腊物理学家阿基米德发明了杠杆定律，他有一句名言：给我一个支点，我就能撬起地球。对于企业战略而言，如果我们找到了关键成功因素，企业就容易成功。

战略的分解，从纵向上来看，涉及五个方面，即战略如何转化为目标，目标如何转化为计划，计划如何转化为行动，行动如何转化为结果，结果如何改进提高。影响一个目标与结果的达成，涉及的因素有很多。那么，哪些是关键的因素，哪些不是关键的因素，如何把有限的资源，投入关键的行动中去，对公司的战略至关重要。华为任正非有一个明确的战略定位，就是永远不要在非战略机会点上消耗战略力量。所谓找到关键成功因素，就是要寻找驱动战略达成的那个支点，以便我们更好地全力以赴，做好资源的投入。

要想找到关键成功因素，有两种基本方法：一是“眼睛向外”，对标行业标杆，向优秀企业学习，看看人家是怎么做的，找到行业的规律和成功诀窍。学习并不可耻，关键是要会学习，不要闭门造车。例如，中国的汽车工业就是从学习德国和日本开始的，这是一种模仿战略。二是“眼睛向内”，学习管理理论，利用各种专业工具，进行目标分解。其中，在目标分解方面，最为重要的一个方法，就是哈佛大学卡普兰和诺顿教授发明的平衡计分卡。

平衡计分卡的战略意义是，首先，帮助我们构建一套目标体系，让我们认识到，企业经营不仅要重视财务指标，还要重视客户、内部运营流程、学习与成长这三个方面的指标。企业经营的本质，是一个从无形资产到有形资产的过程，一个从员工的学习与成长到财务变现的过程，一个从人的培养到做事流程规范的过程。其次，四大财务目标、八大客户价值主张、四大内部运营流程和三大无形资产，也是一个完美的战略分解框架，形成一张完美的战略地图，帮助企业按图索骥，找到关键成功因素（见图 1-22）。很多优秀的企业都在利用平衡计分卡这个工具，让中高管团队在一起，进行企业战略设计和实施战略分解。这是最好的达成战略共识的机会，也是最好的团队建设活动。

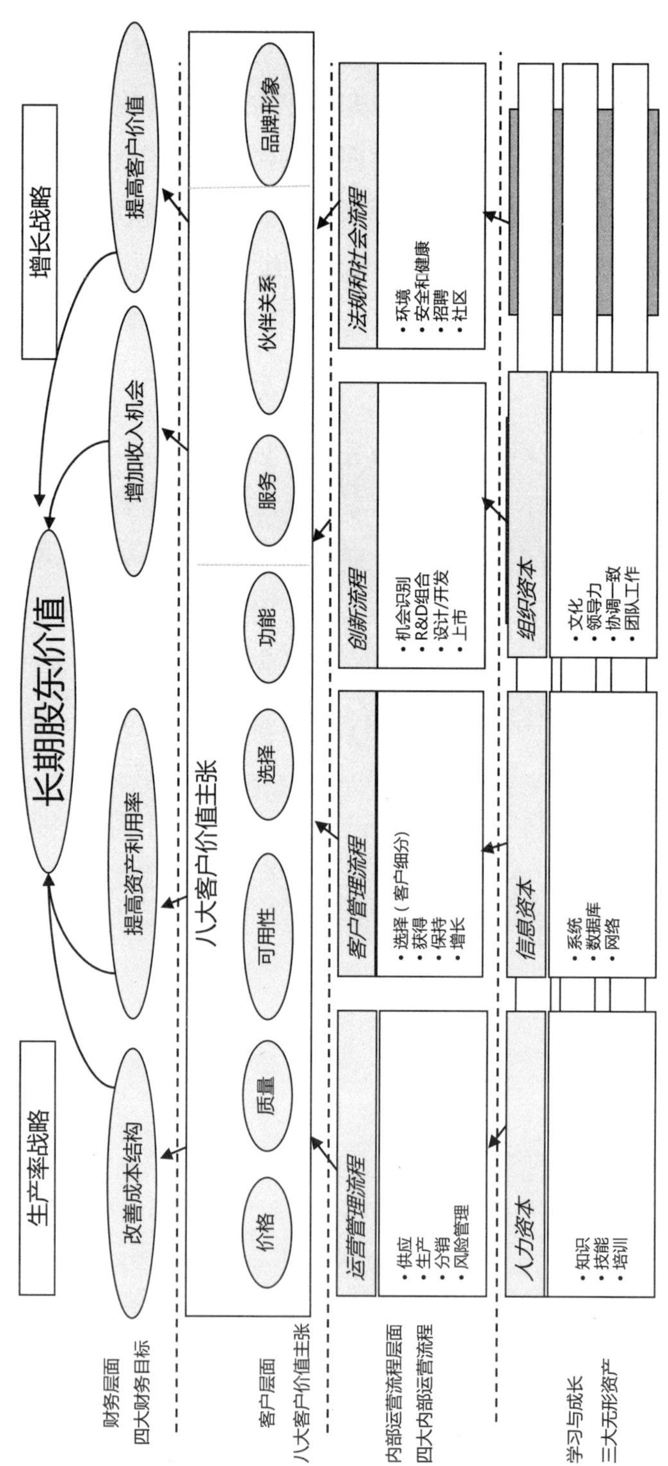

图 1-22　企业战略地图的规划与关键成功因素

除了上面讲到的平衡计分卡，在战略分解方面，还有一个广泛应用的工具，即华为的业务领先模型 BLM（Business Leadership Mode1）（见图 1-23）。华为作为中国最优秀的企业，能做到力出一孔、利出一孔，确保战略的执行与落地，就是运用了一套工具体系来统一思想，统一流程，统一语言，统一行动。BLM 是华为战略执行与落地的机制保障。

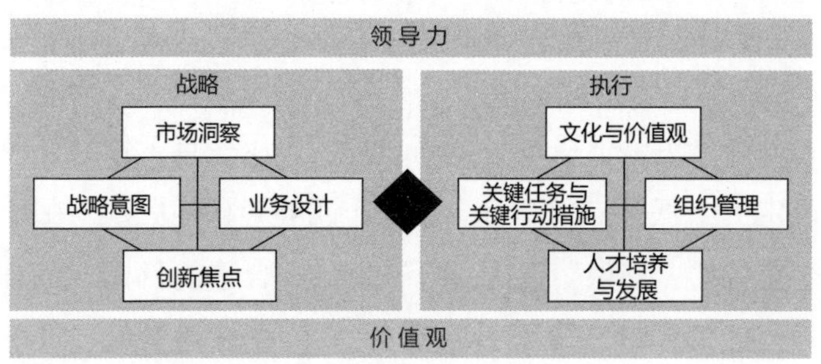

图 1-23　华为的业务领先模型 BLM

战略分解，首先需要先有战略。有了战略，然后才能实施战略分解。华为 BLM 最有价值的一个地方，就是把战略规划与战略执行结合在一起，形成一套有机的体系。

BLM 是如何定义战略的呢？战略开始于四个维度的思考与决策。首先是“眼睛向外”，做好市场洞察，发现机会在哪里；其次是“眼睛向内”，回答如何抓住机会，聚焦产品与业务设计。在聚焦产品与业务设计方面，要回答的是如何创新与创造，如何与众不同，如何打败竞争对手。

在战略执行与落地方面，BLM 提出了四个关键成功因素：一是战略目标与行动措施；二是确保目标与措施落地的组织保障体系；三是达成目标所需的人才与能力；四是确保组织能力所需要的文化与价值观。这四个方面做好了，战略执行与落地便是一件自然而然的事情。

综上所述，要想做好战略分解，找到关键成功因素，有两个重要工具可以学习和应用，一是平衡计分卡，二是 BLM。当然，学习工具是一回事情，实际应用又是另一回事情。要想融会贯通，还需要我们在实践中不断精进。

【场景问题 9】如何制定一个科学合理的 KPI？科学与合理的边界在哪儿

通常，上级总想给下级设一个高目标，多压一点工作和任务；下级则总想给自己定一个低一点的目标，让工作能够轻松地完成。在目标制定方面，有一个流行的“三做”理论，即一个科学合理的目标，必面满足三个条件：想做、能做，以及要做（见图 1-24）。想做的意思是指个人是否愿意；能做的意思是指个人的能力与资源保障是否匹配；要做的意思则是指目标是否符合公司的战略，满足公司的需求。这三者的交集，才是一个合理的目标。

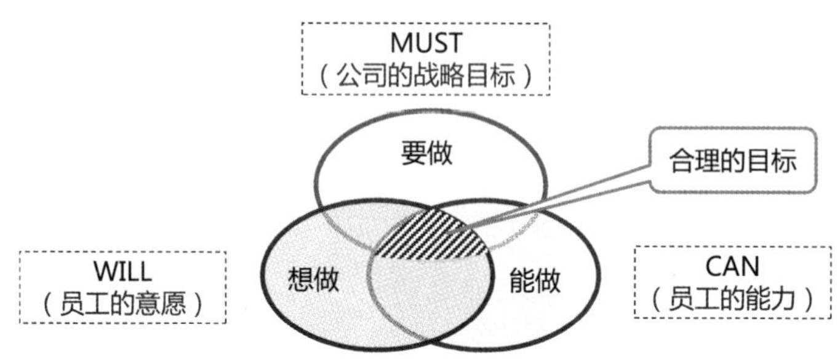

图 1-24　年度目标制定的“三做”理论

“三做”理论在逻辑上看起来很完美，但在实践中我们却无法这样做。如果你是老板，你会不会这样设定目标呢？如果一个老板、一家公司真的按照这样的规则设定目标，会发生什么？答案只有一个，目标确实是可行的，但公司恐怕没什么发展前途。

如何为下属设定一个科学的、合理的目标？下面有三种实用的策略：

（1）与自己对标，基于过去三年的平均历史发展数据，计算增长率，由此设计未来的目标值。例如，前三年的销售额分别是 1 000 万元、1 200 万元和 1 500 万元，增长率分别是 20%和 25%，平均增长率为 22.5%，那么新的一年销售额指标就是 1 500+（1 500 × 22.5%）= 1 837.5（万元）。

（2）与行业对标，基于行业的平均发展水平，或者行业的前三名水平。例如，如果行业平均发展水平是年均增长 10%，那么就可以按照这个数值进行预算，设定自己的目标值。

（3）按目标设定，即不是基于公司过去三年的平均水平，也不是基于行业的平均水平，而是基于公司的战略，基于老板的梦想，基于团队的需要。换句话说，目标的高低，与公司的历史无关，与行业的发展无关，只与老板的愿景、老板的梦想有关。这好像有一点夸张，对吗？如今的人们不太会相信“人有多大胆，地有多大产”，但是，具有讽刺意味的是，如果我们回顾一下历史，有些企业，特别是创新型企业就是这样做的，而且成功了。看看华为、阿里巴巴，如果它们按照“三做”理论，如果它们按照历史数据对标行业，那么，它们就不可能发展到今天这样的规模，也就成不了独霸一方的王者。

于是我们要问，目标的设定到底有没有科学合理的边界呢？陈春花说，目标绝对是不合理的，但是行动必须合理，因为目标的设定，是人们基于现在对未来的一种预判，没有人能够准确预测。目标的意义，不在于有多么准确，而在于牵引的作用。目标可以不精准，但行动计划必须精准。这是两件事情，不能混淆在一起。本质上，目标不是用来实现的，而是用来超越的。对于企业家而言，在战略上，最需要的是一种敢想、敢干的企业家精神。人才也好，资源也罢，可以不为我所有，却可以为我所用。

我见过一些优秀的企业家，他们在做目标计划的时候，表现得非常强势，一下子就把目标加倍，例如，去年的销售额是 10 亿元，今年就提高到 20 亿元，然后让团队开动脑筋，群策群力，通过沙盘模拟的方式，回答客户从哪里来，产品从哪里来，人才团队从哪里来。团队优先讨论的，不是目标的可行性，而是达成目标的路径与方法，然后再来讨论资源的可行性，资源的差距是多少。目标是不可以谈判的，但资源是可以的。不讨论目标的背后，是一种发散的思维，一种以市场为中心、以客户为中心的战略意志。反过来，以现有的资源为出发点，做逻辑推演，给多少资源，做多大的事业，则是一种收敛的思维。前者是企业家的做事方式，后者是职业经理人的做事方式。这就是区别！好的目标设定，在战略上要敢想。如果连想都不敢想，那又怎么能从优秀到卓越呢？

当然，战略上的梦想还需要实干家去落地。毛泽东曾经说过："在战略上要藐视敌人，在战术上要重视敌人。"在战略转化为执行的过程中，我们还需要一种实事求是的科学态度，考虑资源与能力的匹配、实现技术的可行性，而不是光在那儿空想。我们可以参照图 1-25，制订相应的目标与计划。

目标分为基本目标和挑战性目标两种。所谓基本目标，就是在正常情况下，80%的人都能够达成的目标，确保目标的普适性。所谓挑战性目标，就是在正常情况下，80%的人都不能够达成，确保目标的挑战性。有了这样一个标准，借用这样一个坐标系，设定绩效目标便有了一个科学的参照系。需要提醒的是，这里的 20／80 法则适用的是一个稳定发展中的企业。对于创业中的企业和变革中的企业，并不是一个好的选择。

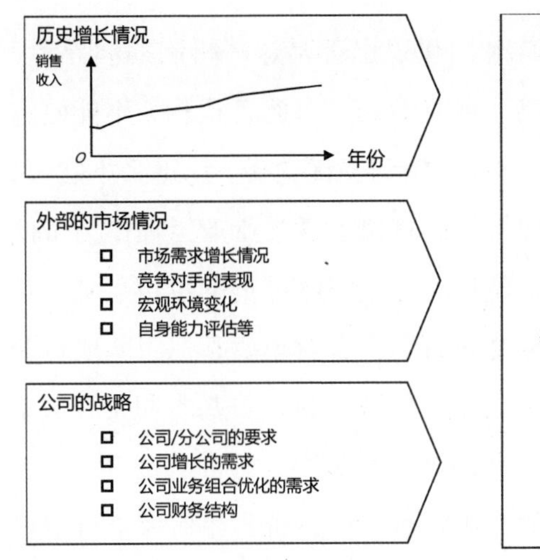

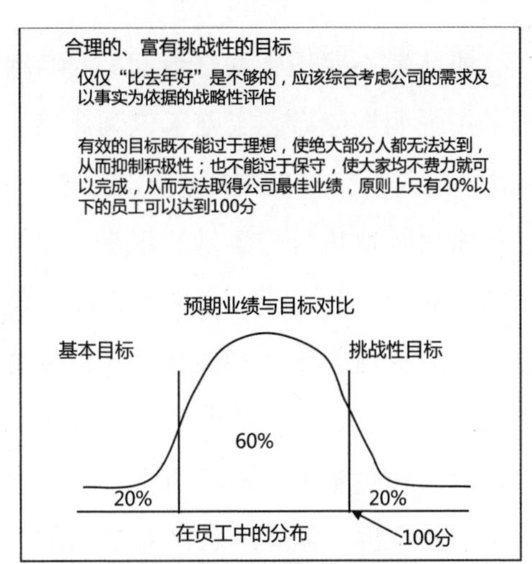

图 1-25　设置目标时应综合考虑的因素

确定目标时你是选择左边的基本目标，还是选择右边的挑战性目标？你选择什么，你就会成就什么。当然，从机制的角度，为了鼓励人们愿意承接挑战性的目标，就需要设计一个阶梯式的激励机制，例如，销售额在 100 万元以下的，提成比率为 10%；销售额在 100 万元以上的，提成的比例可以提高到 15%，这样人们会更愿意承接挑战性的目标。

【场景问题 10】如何做好绩效管理中的强制性分布与末位淘汰？如果使团队中的每个人都表现很好

在绩效管理中，直线经理最不喜欢做的事情，排在第一位的，当数强制性分布和末位淘汰。其中的原因有如下三个：一是如果团队的表现都不错，何必非得把团队分成三六九等？二是大家的岗位和工作性质不一样，很难区分。例如，一个人考物理，一个人考化学，我们不能说化学考了 70 分，就比物理考了 80 分的差。三是实施了强制性分布，但是末位不忍淘汰，最后不但不能激励团队，反过来还会打击团队的积极性。总之，强制性分布与末位淘汰制度，是最被诟病的机制之一。如何解这道难题？

团队要不要做强制性分布？华为和阿里巴巴都是这一机制的倡导者，都采用强制性分布，实施末位淘汰制。企业不是一个慈善机构，不能吃大锅饭，这是一个底线要求。让人多劳多得，做到奖优罚劣，让雷峰不吃亏，让战略更好地执行与落地，需要一种机制的保障。直线业务经理作为带团队的领导者，有责任、有义务，也需要有能力对团队成员的价值创造、价值评价和价值分配承担责任，无论喜欢也好，不喜欢也好，把团队成员分出三六九等，基于贡献分配奖金和选人用人，是他的一项基本职责，这不仅是对公司负责、对团队负责，同时也是对下属负责、对自己负责。不评价、不敢评价，本质上是没有担当的行为；而怎么评价、如何评价得更科学和更准确，是管理能力的体现。

“20-70-10”法则（一个公司里，有 20%的人是最好的，70%的人是中间状态的，10%的人是最差的）是杰克·韦尔奇创造的。在撰写这部分内容的时候，惊闻韦尔奇离世，甚是惋惜。他留下了众多的管理思想与实践，说他是对中国企业管理影响最大的一个人，一点不为过。我总结一下，韦尔奇给我们至少带来了以下影响：

（1）中国企业家开始认知到使命、愿景和价值观的重要性，之前我们对这三个东西是不熟悉的，也区分不开。

（2）通用电气公司的数一、数二战略，让我们开始重视做专业化和多元化的业务选择。韦尔奇关于制定战略的方法，仍然是专业人士做战略规划的经典模板。

（3）纽约克劳顿村的通用电气培训中心——世界 500 强的 CEO 培养摇篮，让中国企业家第一次认识到培养企业领袖人才、培养领导力的重要性。中国企业领导力的培养、中国企业大学的兴起，不能说没有韦尔奇的功劳。

（4）韦尔奇的绩效管理思想，特别是他的微笑曲线、“20-70-10”法则和末位淘汰法，以及四象限人才分类法，至今仍在中国广泛应用。

（5）通用电气公司的六西格玛法，这个摩托罗拉发明的方法论，不仅在质量管理中被通用电气用到了极致，在企业管理中也被推崇。

（6）韦尔奇外号“中子弹”，当年真正的世界第一 CEO，为中国企业家树立了企业一把手的标杆形象。

（7）他的名言“在你成为经理之前，成功只与自己有关；在你成为经理之后，一切只与团队的成长有关”是新任经理人培训时的必学内容。

对于“20-70-10”法则，人们存在众多的误解，韦尔奇在他的《赢》一书中，也提到了这方面的痛苦，其中列出了七大常见问题，我把它们解析如下。

问题一：“20-70-10”这样的区别考评制度是否公平，是否会把人强制性地分为三六九等，造成人与人之间的冲突?

事实上，强制性分布的目的，或者说出发点，就是要把那些拍老板马屁的人与不会阿谀奉承的人区别开来，用业绩和数字说话。如果领导者能够运用一套明晰的业绩指标体系和一个公开透明的评价流程，再加上坦诚的沟通，是能够帮助我们提升个人与组织绩效的。

问题二：“20-70-10”区别考评制度采用的是否是丛林法则，欺负弱小者和弱势群体?

这种情况的确会发生，但企业不是慈善机构，需要靠业绩说话，就像大家上学时的考试分数一样，区分是必要的，这不仅有利于组织绩效的提升，也有利于每个人的发展。绩效考评不是要让每个人都一样优秀，我们承认个体的差别，但期望每个人能成为最好的自己。

问题三：我为人太好了，没有办法推行“20-70-10”法则，怎么办?

这是一个错误的认知。对于一名管理者来说，如果不能下狠心解雇那些业绩表现不佳的人，对绩效表现好的人是不公平的，而且还会引发团队中的怨恨情绪，不但不能帮助组织取得成功，还会极大地破坏组织内部的信任关系。管理者的使命是要对组织绩效负责，而不是做一个老好人。

问题四：区别考评制度是否会破坏人们之间的关系，引发团队之间的竞争，削弱团队的精神?

一定程度的竞争是必要的，关键要看它是良性的还是恶性的。基于坦诚的绩效沟通和客观的业绩评价，以及公开透明的绩效考评程序，是可以让团队更有战斗力的，不但不会削弱团队精神，反而会帮助团队提升凝聚力。

问题五：区别考评制度起源于通用电气公司，这个方法是否受文化和其他众多因素的影响，并不具备普遍适用性?

这些关于文化和体制方面的障碍，多少是一个借口。提出这些想法的人之所以抗拒这个制度，是因为他们常常“假定”自己的员工会产生抵触情绪。有人说“20-70-10”强制性分布只适用于民企，不适用于国企，这也是一个认知错误。区分还是不区分的背后，本质上是一个要不要吃大锅饭的问题。至于如何区分得更公平和合理，则是一个技术问题。

问题六：区别考评制度对于最好的 20%和最差的 10%的人都是很好的，因为他们都明白自己将向何处去。但是，这种制度是否会使中间的70%的人失去动力缺乏激励性?

确实，中间的 70%的人作为人群中的大多数，如何激发他们，是一个棘手的问题，需要提升领导者的管理水平。从动态的角度看，对于顶层的 20%的人来说，他们会面临来自中间的 70%的人群的巨大压力，必须不断努力，才能保住自己的绩效；对于 70%的人，特别是 70%的最上面的那些人，要让他们看到希望，帮助他们进入最好的 20%中，这样就形成一个良性循环。另外，处于 70%最下层的人也会面临压力，有可能成为最差的 10%。前追后赶，正是组织期望看到的局面。

问题七：区别考评制度是否有利于那些积极向上和性格外向的人，而不利于那些害羞和内向的人?

不可否认的一点是，在人际交往中，那些性格外向的人往往会赢得更多的机会。但在区别考评制度中，所有的人都是靠业绩说话的，在事实与数据面前，人人更加平等了。绩效评价看重的是结果，看重的是个人对组织的绩效贡献，而不是个人的性格与个性。因此，在这种意义上，绩效考评能够更有利于那些脚踏实地、认认真真干活的人，而不是那些能说会道、不干实事的人，这也正是我们期望构建的绩效文化。

对团队成员进行绩效评价方法有很多种，图 1-26 中所列为七种常见方法，都是在实践中能用到的。

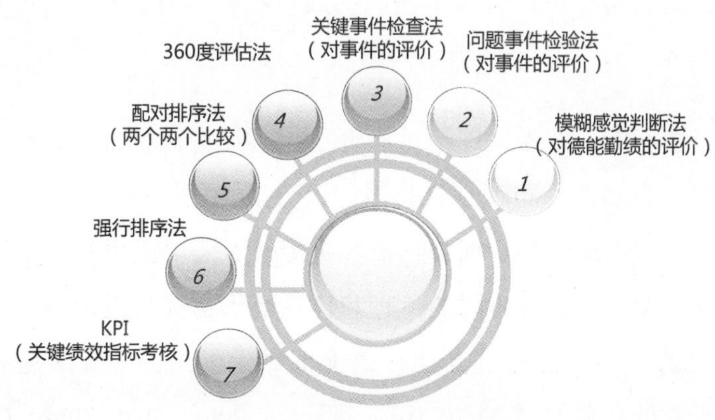

图 1-26　常见的绩效评价方法

图中的七类评价方法可以分为两类：一类是绝对评价法；另一类是相对评价法。

KPI 打分（百分制）是实践中用得最多的一种，但百分制的背后，有很多不合理的地方。问题表现在：

（1）**集中效应**。评价人不愿意拉开彼此的差距，打分呈现集中的趋势，差别极小，如 89 分、90 分、91 分，我甚至还见到过用两位小数点区分的情况。

（2）**主观效应**。不同的人打分存在主观偏差，有的人手松，有的人手紧，同样是 90 分，但其含义不相同。

（3）**无法横向比较**。不同的人工作岗位与职责不同，但是基于百分制的对比，就如同梨和苹果相比，不一定公平，因为二者之间不具备可比性。

（4）**简单主义**。基于百分制对团队成员的绩效进行排队，最常见的错误之一，就是按 KPI 的得分高低进行排序，然后分段评级。例如，90 分以上的绩效为 A，80 ~ 89 分的为 B，60 ~ 79 分的为 C，60 分以下的为 D。这种方式看似公平合理，其实存在隐患。例如，为了团队的小利益，为了不得罪人，团队领导往往会给本团队的成员都打高分，都是 90 分以上，让大家都得 A。

解决上述问题，需要运用绝对评价与相对评价两种方式，于是便有了强制性分布。强制性分布，首先是强制性分段，把团队分成 A、B、C 三挡，也可以是四挡或五挡，视公司情况决定。当公司流程和体系完善的时候，可以分得细一点；当公司的流程和体系还不够完善的时候，可以分得粗一点。建议最多不要超过五挡，最少不要少于三挡。其次是有强制性比例，最常见的比例是“20-70-10”，即 A 占 20%，B 占 70%，C 占 10%

（见图 1-27）。比例的分布要基于公司战略的需要。实施强制性分布，是以 KPI 的得分为基础，对团队进行大排队，然后找出最好的 20%和最差的 10%。为了减少人为偏差，在机制上，可以设计一个绩效会审制度，让绩效领导小组对排队结果做一些微调，以求最大的公平。总之，对绝大多数企业和团队而言，有强制性分布比没有强制性分布要好。华为和阿里巴巴目前都实行严格的绩效强制性分布政策。

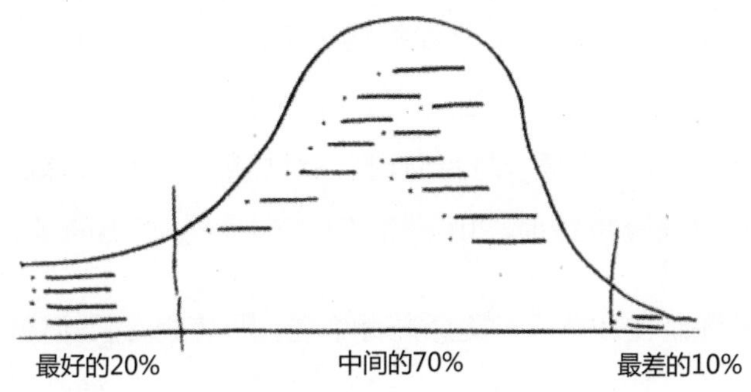

图 1-27　绩效考评结果强制性分布："20-70-10"法则

但凡涉及评价都是复杂的，没有一种方法可以做到百分之百完美。强制性分布也一样，有以下几种常见的问题。

（1）团队规模不大，团队的每名成员都表现良好，而且大家做的工作性质不同，工作内容也不一样，怎么办？在微软，就曾经有这样的一个团队，团队成员都是名牌大学毕业，拥有博士学位，个个都表现很好，想留他们都不容易。如果非要把一个人评为 C，确实勉为其难，也不是公司的人才战略。再重复一遍，无论什么样的管理工具，都是一种手段，不是目的。手段必须为目的服务，不能僵化和教条。因此，在绩效管理中，为了更好地适用于这样的"小精英团队"，我们设计了一个流程，这个流程叫作申诉流程。直线经理如果认为自己的团队成员表现都非常好，个个都很优秀，可以走申诉流程，向上级领导或绩效管理委员会提出申诉，用事实和证据证明自己团队成员的优秀，申请免除 C 的限制。这叫例外管理。绩效管理中的特殊情况，可以特殊处理，避免犯教条主义的错误。

（2）不同岗位之间的攀比，是一个公平导向的问题。岗位之间的区别是一个客观存在的现实。如何做好岗位价值评价，以及如何为项目设定技术难度系数，是一个相当复杂的专业技术问题。国际上的一些大公司，如Hay和Mercer都有这方面的成熟解决方案，各种评价和分析工具也早已本土化了。但无论是哪种评价方案，也只能是相对科学和相对公平，横向攀比问题最后还必须用企业文化和战略来解决。足球场上的前峰和后卫，谁应该拿钱更多，最终还是要把这项工作交给教练。通常的做法，一是“眼睛向外”，对标市场；二是“眼睛向内”，对标数据。谁对球队的价值贡献大，即使没有数据，教练的心中，也还是有一杆公平秤的。

（3）绩效强制性分布后，奖惩是否兑现，与奖金是强挂钩还是弱挂钩，末位是否淘汰，又是另一个话题。总的来说，绩效考核的结果如果能同薪酬挂钩，当然是一种最直接的激励；但如果不能，也不要否定绩效管理的目的和意义。绩效奖励，不仅仅只有奖金一种。

绩效管理工作是一个复杂的工程，不仅涉及人的钱财，还影响人的职业生涯。用好绩效管理这把双刃剑，首先，需要企业高管团队重视绩效管理，研究绩效管理，投资绩效管理的基础建设，培养绩效管理的专业人才，把绩效管理作为一把手工程，把绩效管理当作公司战略执行与落地的工具，把绩效管理当作倒逼团队成长的一种机制。不上升到这种高度，绩效管理是很难推行成功的。其次，直线经理必须成为一名绩效管理的专业人士，要学习绩效管理，懂得绩效管理，把绩效管理当作一个抓手，倒逼自己提升管理能力，帮助团队提升执行力。

然而在现实中，在绩效管理方面，企业中高管领导者大多培训严重不足，学习不够，公司推行绩效管理要么强力蛮干，要么应付了事。更恶劣的是，大家都认认真真地走过场，最后费了半天劲儿，却没有起到什么作用。这不仅害人害己，浪费了企业宝贵的资源，而且还会破坏企业的文化。在企业转型、创新和升级的路上，该是高度重视绩效管理的时候了。如果绩效都没有了，谈什么转型、创新和升级？

Transformational Leadership

第 2 章

领导转型，如何从管理到领导

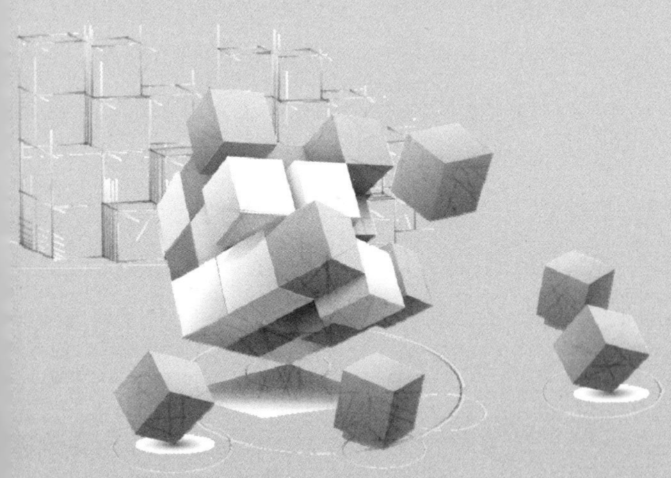

DDI 咨询公司曾对全世界 1 200 多名企业员工做了一个调查，询问他们对自己老板的印象。结果让人有一点儿遗憾：

- 22%的员工认为自己现在的老板很棒。
- 78%的员工认为自己现在的老板很差。
- 那些对老板印象不好的员工，68%正在考虑辞职。
- 那些认为老板不好的员工，只有 11%认为发挥出了自己的潜力。

2.1 21 世纪是一个领导力的时代

为什么说 21 世纪是一个领导力的时代？因为这是一个知识经济的时代，知识型员工越来越多，管理知识型员工所需的领导力就越来越重要。管理知识型员工与管理蓝领员工有很大的不同。知识型员工的特点是，他们对工作往往比管理者了解得更多，比管理者更专业，比管理者更了解如何做好工作和完成任务，这就要求管理者放弃传统的指挥模式，更多地采用授权与信任，从微观领导转型为宏观指导。例如，开发一款软件、设计一个有创意的 H5 页面，这些与生产线上的工作有很大的不同。管理蓝领工人，可以将流程固化，但管理开发人员和创意人员不能这样做，需要更多的激励和授权。

几年前，我读过一本书，书中的一段话让我印象深刻："我们可以把一匹马牵到河边，但是我们不能逼迫那匹马喝水。"由此想到今天的企业管理，我们可以聘用一个人到一个固定的工作岗位让他做一件固定的工作，但我们聘用不了什么呢？我们聘用不了他的心，聘用不了他的大脑，聘用不了他的聪明才智，聘用不了他的创造性，聘用不了他的全身心投入。总之，聘用一个人的手和脚容易，聘用一个人的心和大脑却很困难。这也是企业在当下转型、创新和升级中所面临的现实挑战。

管理知识型员工，需要更人性化的方式，需要更高超的领导艺术。领导力不仅是一门科学，更是一门艺术。

21 世纪是一个快速变化的时代，快速变化的时代需要团队快速反应的行动，需要领导者快速决策的能力。任正非的选择是，要让在“前线”听得见“炮火”的人指挥。一名真正优秀的员工，不是一个被动的执行者，而是一个主动的决策者。我们对一线员工的要求越来越高，领导力已不再是一个高高在上的权柄，而是一个人人都需要的素质与能力。人人都是领导者，人人都有领导力，是这个新时代的新要求。员工越有领导力，企业就越有竞争力。学习领导力，提升领导力，成为提升组织竞争力的一个“核武器”。

2.2　领导力的内涵与发展

领导力是一个外来词，英文 leadership 由“leader”和“ship”组成。所谓领导力，是指由领导者衍生出来的某些特性与特质。在英文中，一个名词加上“ship”这个后缀，反映的是这个角色所应具备的素质能力的抽象概括。在英文中，除了 leadership，还有一些后缀加“ship”的词汇，如 friendship、craftmanship。friendship 指的是朋友之间的友谊；craftmanship 指的是手艺人的素质能力，用今天的一个时髦词来表示，就是工匠精神。因此，在这种意义上，leadership 一词，翻译成领导力，其本意是指领导之道或领导力之道。清华大学的领导力专家杨斌教授，就秉持着这样一种观点。

在网上搜索一下，什么是领导力，答案成千上万条，各路流派、大师不胜枚举。有人感慨说：“有多少人对领导力感兴趣，就有多少人试图定义领导力，就有多少种关于领导力的定义。”

到底如何定义领导力？领导力的产出结果是什么？领导者需要做什么？领导者需要有什么样的素质与能力？领导者如何赢得追随者？从不同的角度，我们可以对领导力有不同的定义。了解领导力的发展历史，了解领导力的不同定义，就是学习和认知领导力的一个过程，可以帮助我们更好地打开视野，更完整地理解领导力的本质。

回溯近代领导力的发展历史，有如下一些代表性的人物和代表性的观点，他们从不同的角度对领导力有不同论述。了解这些，可以帮助我们更好地认知领导力。

- 英国历史学家托马斯·卡莱尔（Thomas Carlyle）撰写了《论历史上的英雄、英雄崇拜和英雄业绩》，人物包括帝王、先知、教士、诗人、文学家等，提出了英雄的特质论，他崇拜的英雄是腓特烈大帝。
- 英国科学家、探险家、进化论的提出者达尔文的表弟弗朗西斯·高尔顿（Francis Galton）是最早的优生学提出者，著有《遗传的天才》一书，他指出："领导力的品质具有天生和遗传特性，是优秀人的专属特质。"
- 美国心理学家、人格心理学家、人本心理学先驱高尔顿·威拉德·奥尔波特（Gordon Willard Allport）系统地提出了人格特质理论，并把它分为两类：一类是共同特质，另一类是个人特质。
- 巴纳德（Barnard）在《经理人员的职能》一书中，系统地论述了领导者最重要的特质。
- 考利（Cowley）、斯多格迪尔（Stogdill）专注领导力特质研究，做了一个著名的领导力项目，研究了 163 项特质，得出的结论是某些行为特质确实与高效领导有关。
- 库尔特·勒温（Kurt Lewin）、利皮特（Lippitt）和怀特（White）作为社会心理学的先驱，提出了领导风格类型理论。其中关于"专制”和“民主”这两种不同领导风格的实验表明，团体的凝聚力受领导者的工作作风影响。一般而言，民主的小组更富有成果，内聚性较强，小组内成员对待领导者的态度较好，小组成员间的分歧干扰更少，民主小组活动的创造性相对也较高。与民主小组相比，专制小组在活动中不是更放肆就是更漠然，当小组领导者不在时，会有更放肆的行为。另外，在这个实验中，勒温等还发现一个奇怪且令人迷惑的现象，即从民主过渡到专制，要比从专制过渡到民主更容易一些。

- 斯多格迪尔和沙特尔（Shartle）提出了领导行为可以按两个维度划分：制定规则和人文关怀。
- 费德勒（Fiedler）提出了费德勒模型。他认为领导效果会受到多方面因素的影响，比如领导者、成员关系、任务结构和职位权力，等等。
- 赫塞（Hersey）和布兰佳（Blanchard）提出了情境领导理论。他们指出有效的领导要基于情境，因人而异，因事而异，因阶段而异。他们把领导力分为四种方式：授权、参与（教练）、说服（指导）和指挥。
- 布莱克（Blake）和莫顿（Mouton）在情境领导四方格的基础上，进一步提出了管理九方格理论。
- 豪斯（House）提出了路径—目标理论。他认为领导者的工作不仅是让下属达到他们的目标，而且要为下属提供必要的过程指导和支持，以确保个体的目标与组织的总体目标相一致。豪斯认为，有效的领导者要在实现目标的过程中帮助下属，为下属清除工作中的障碍和危险，从而使下属工作更容易。
- 亚历克斯·奥斯本（Alex Faickney Osborn），头脑风暴的创造者，提出了横向领导力（Lateral Leadership）的概念及创新方法。

- 维克托 · 弗鲁姆（Victor H.Vroom）提出了领导力的期望理论。他认为对人的激励强度取决于目标达成后，满足个人的需要的价值的大小。
- 葛伦（Graen）提出了领导者—成员交换理论。他认为一个及时响应领导者的下属，会得到领导者的认可，变为“圈内人”。
- 豪斯提出了魅力型领导理论。他认为一个自信且具有强掌控力和强说服力的人，显得更有领导魅力。
- 格林里夫（Greenleaf）提出了仆人式领导力。他强调领导者要具有奉献精神和服务精神。
- 伯恩斯（Burns）提出了两种领导力类型：变革型领导力和交易型领导力。
- 加巴罗（Gabarro）和科特（Kotter）指出：“员工要善于管理老板”，即向上管理。
- 费舍尔（Fisher）和夏普（Sharp）论述了横向领导方式，通过目标、思考、计划、激励、反馈五个步骤凝聚人心，达成组织任务。
- 戈尔曼（Goleman）在情商和领导力之间做了大量的研究，提出了六种领导风格，分别是专制型（Coercive）、权威型（Authoritative）、亲和型（Affiliative）、民主型（Democratic）、领跑型（Pace Setting）和教练型（Coaching）。
- 博得斯基（Badowski）根据自身在通用电气公司与韦尔奇相处的经验，总结了向上管理的 15 个要素。
- 斯滕伯格（Stenberg）作为美国心理学家，致力于教育领导力研究，提出了 WICS 理论，强调智慧（Wisdom）、智力（Intelligence）、创造力（Creativity）和综合能力（Synthesis）是领导力的核心要素。
- 路桑斯（Luthans）和阿弗里奥（Avolio）提出了诚信领导力理论，强调自信、乐观、希望、回复力是“积极心理资本”。

- 安东纳基斯（Antonakis），瑞士洛桑大学心理学家，提出了领导过程模型。他认为领导者应该发挥自己的特质，善用巧妙的修辞来说服和鼓舞员工。他认为："精妙的说辞是一个聪明人既能发挥其聪明才智，又能为大众所理解的唯一途径。"
- 贝克（Baker）提出了节点社群的概念：互联网时代，每个人都是一个信息节点，都是领导力的一部分。分布式领导力是互联网时代的产物。

2.3 领导力的一个中心、两个基本点

领导力涉及两个对象：领导者和被领导者。领导者与被领导者之间相互作用，产生领导力。事实上，物理学上的力也是相互作用而产生的，力的属性有大小、方向和作用点。我们借用物理学的概念，可以构建一个领导力的基本模型，即一个中心、两个基本点。一个中心是指以环境为中心；两个基本点：一是指领导者，二是指被领导者，如图 2-1 所示。

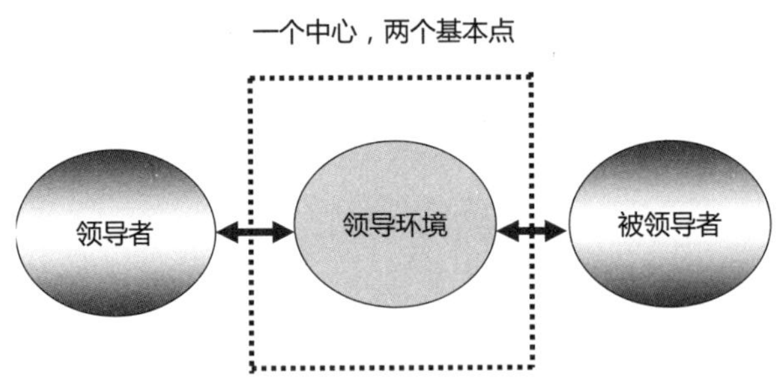

图 2-1　领导力的基本模型

那么，什么是领导力？站在领导者的角度，我们给出一个定义：所谓领导力，就是领导者对被领导者的影响力，可以用一个公式来表达：

领导力=影响力

你影响的人越多，影响的程度越大，影响的时间越长，就说明你的领导力越强。

站在被领导者的角度，我们给出另一个定义：所谓领导力，就是被领导者对领导者的追随力，可以用一个公式来表达：

领导力=追随力

为了更清晰地表达追随力的属性，我们需要在追随力的前面加一个定语，就是“自愿的”，领导力是自愿的追随力。追随你的人越多，追随的意愿和行动越强烈，就说明你的领导力越强。

针对以上定义，领导力涉及以下几个因子。

1. 影响力因子

领导者凭什么影响被领导者？在众多的影响力因子中，对不同的人，影响力因子也不同。哪个因子的影响力大，哪个因子的影响力小，谁排在前面，谁排在后面，与领导者有关，与被领导者也有关，是领导艺术的一部分。

2. 追随力因子

被领导者凭什么追随领导者？权力、金钱、能力、威信和人格魅力都有可能是追随力因子。追随力因子也有很多，对不同的人，在不同的时间，追随力因子也是变化的。清晰地了解追随者喜欢什么、需要什么，排在第一位的追随力因子是什么，也是领导艺术的魅力所在。

3. 领导力环境因子

领导者和被领导者之间是如何发生关系的？大街上的一个路人甲，一个路人乙，是不可能构成领导者和被领导者之间的关系的。沃伦·本尼斯说："说到根本，领导力只涉及三样东西，一样是领导者，一样是追随者，一样是共同的目标。"因此，共同的目标是领导力的一个基础。

领导力在本质上是一种"关系"，即领导者和被领导者的关系，或者说是"环境"，它至少涉及如下几个方面：①人际关系；②信任度；③任务的属性；④对目标的认同。研究领导力如何发挥作用，以及发挥作用的大小，需要考虑上述几种因素。

2.4　领导力的三大需求

为什么需要领导者？什么时候需要领导者？领导者要扮演的角色是什么？如果被领导者对领导者没有需求，也就没有产生领导力的必要。从团队和组织的角度看，领导者的使命是帮助团队完成一个共同的目标或任务。人们期望领导者能够带领团队前进，不仅推进团队成员之间的合作，同时还要关心团队成员每个人的需求，把大家凝聚起来，让大家一起为了一个共同的目标努力奋斗，完成一己之力完成不了的任务。对领导者的需求，可以用图 2-2 所示的"三个圈"来表示。

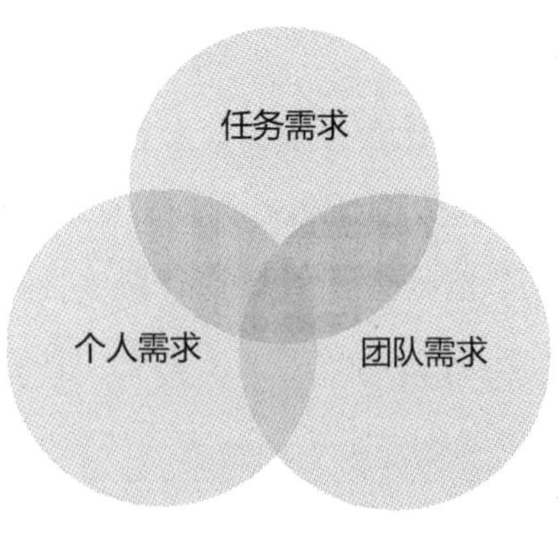

图 2-2　对领导者的三大需求

在任务需求方面，人们期待领导者能够明确工作的目标，做好项目的计划，监控项目的过程，达成预期的结果；在团队需求和个人需求方面，人们不仅期望能得到相应的物质回报，还期望能有精神的激励，包括在工作方面的认可和能力方面的提升。

领导者如何扮演好自己的角色，发挥好自己的职责，使用好自己手中的权力，是领导者的领导力所在，也是责任与义务之所在。由此，我们可以说，领导力首先是一种责任，其次是一种技巧。

2.5　领导力的终极三问

德鲁克提出了一个经典三问，要求企业家必须回答：我们的业务是什么？我们的业务将是什么？我们的业务究竟应该是什么？事实上，人生也有此三问：你是谁？你从哪儿来？你要到哪里去？

国际 NLP（Neuro Linguistic Programming，神经语言程序学）大师罗伯特·迪尔茨（Robert Dilts）在研究人生的意义及面临的问题与挑战时，发明了六层次逻辑图，在很大程度上探讨的就是这三个方面的问题。一个人，如果在这六个层次上能保持逻辑的一致性，便会身心一致，知行合一，找到更多的幸福与快乐。反之，如果不能在这六个层次上保持逻辑的一致性，就会产生冲突、困惑和压力。

迪尔茨的六层次逻辑图如图 2-3 所示。

（1）愿景："愿景"要回答的是，你的最终目标是什么，你要向何处去。

（2）角色/身份："角色/身份"要回答的是，你是谁，你从哪里来，你要成为谁。

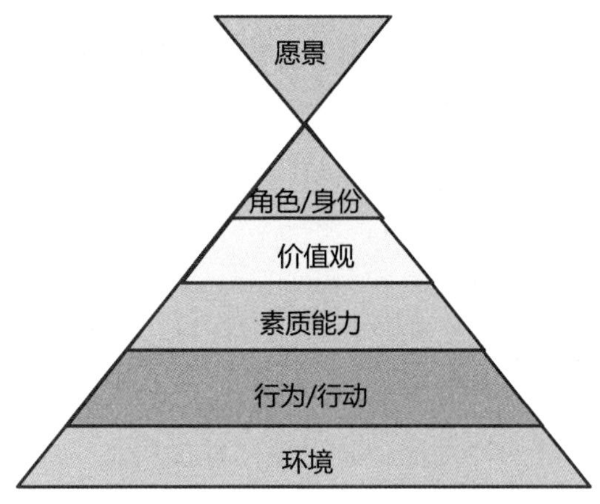

图 2-3　迪尔茨的六层次逻辑图

（3）价值观“价值观”要回答的是，你为什么要成为那样的人。

（4）素质能力：“素质能力”要回答的是，你要具备什么条件或素质与能力，才能达成自己的目标？

（5）行为/行动：“行为/行动”要回答的是，你要做一些什么，才能具备相应的素质与能力。

（6）环境：“环境”要回答的是，什么样的时间与环境条件，最适合你的学习和成长，让你能够成功。

人生的最高境界是能够站在逻辑层次的最高一层，非常清晰自己的角色与身份，最低的境界是处于逻辑层次的最低一层，创造与适应环境。一般来说，一个较低层次的问题，容易在较高层次上解决。例如，一个人如果不喜欢所在企业的环境，只要自己内心清楚地知道，自己的角色与身份需求是什么，这个冲突是容易解决的；反过来，一个较高层次的问题，如果用一个较低层次的方法则总是难以奏效。例如，如果一个人的价值观是追求一个工资高、离家近、活儿少的工作，那么，无论是在哪种企业，这个问题都很难解决。

2.6 领导力的三环修炼

我是谁？我从哪儿来？我要到哪里去？这是我们一辈子都在探索的三个人生难题。不同的人或同一个人在人生的不同阶段，对这三个问题的回答，都是不一样的。对于这些人生难题，管理大师吉姆·柯林斯有一个三环理论，可以帮助我们做好自己的选择与定位。

柯林斯在其畅销书《从优秀到卓越》中揭示了一个秘密，一家公司从优秀到卓越，往往是从一家多元化的公司变成一家专业化的公司，最终实现从优秀到卓越的飞跃。也就是说，只有专业化的公司才能从优秀到卓越。那么，如何选择专业化的业务呢？

柯林斯提出了下面三个问题：

（1）我们公司应该从事什么业务，才有可能成为世界上最好的公司？不是说已经做到最好，而是说有可能做到最好。

（2）我们对做什么最有激情？

（3）什么最能驱动我们的经济引擎？也就是说，做什么投资回报率最高或最赚钱？

如果画三个圆圈，把答案分别填到三个圆圈中，这三个圆圈的“交叉”之处，就是最后的选择。

我们可以借用柯林斯发明的三环理论，用来指导个人的领导力发展。一个人要想从平庸到伟大，也要选择自己的人生目标与愿景，怎么选择呢？可以问自己这样三个问题，填入图 2-4 所示的圆圈中：

（1）我擅长的是什么？

（2）我热爱的是什么？

（3）我的机会是什么？

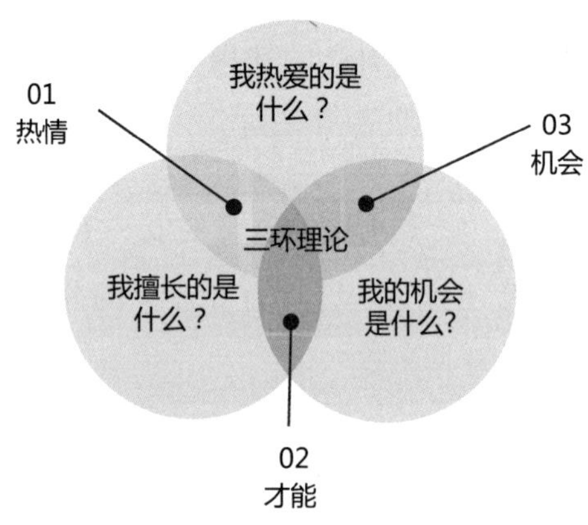

图 2-4　三环理论的应用

所谓领导自己，就是认识自己的优势，认识自己的特长，认识自己热爱什么，认识自己的机会。在三环“交叉”的地方，找到自己的人生定位。这将会成为你的人生角色/身份，也将是你的人生愿景。

案例

美国前总统克林顿在年轻的时候就决定从政。他那时还没有柯林斯的三环理论，但是，根据他的回忆录，他当时的决策过程好像就应用了这个三环理论。

他一共有三个职业可以选择：一是音乐，二是医学，三是政治。他热爱音乐，也擅长音乐，酷爱吹长管萨克斯，浪漫至极。他热爱医学，喜欢学习医学，也认为自己可以成为不错的医生。但最后，他认为自己最热爱的还是政治，最擅长的也是政治，而且也有很好的机会。他最终选择了政治。克林顿在 16 岁的时候，就确立了自己的人生愿景，清晰了自己的角色/身份——要做一个政治家。于是，他向着这个目标一路前行，最终成为美国第 42 任总统。

在这个现实的世界，理想与现实常会有冲突。如果在“热爱”“擅长”和“机会”这三者之中，只能选一个的话，那么，你会选择哪一个呢？这确实是一个难题。

柯林斯的回答是选择“热爱”。柯林斯说：“要成就伟业，就要从‘热爱’出发。”你可能还是想问：我不选择“热爱”，选择“机会”可以吗？我的回答是：当然可以，但是，如果你想成就伟业，想做一个伟大的领导者，想要成就你的职业生涯，想要获得更多的幸福感，你就要从“热爱”出发。如果你只想赚点钱，过个小日子，那么从“擅长”出发，从“机会”出发，也都是没有问题的。卓越人士之所以卓越，大多是因为内心有“热爱”，所以总是充满激情。所谓激情，就是一个人受尽了痛苦和折磨，因为内心有“热爱”，仍然无怨无悔，仍然力量无穷，仍然执着前行。这就是卓越人士与一般人士的区别。我们看一看自己身边的那些成功人士，大多具有这样的特质。

如何发现自己的“热爱”？如何找到自己的“激情”？我们可以进一步追问自己以下三个问题：

（1）我是不是很喜欢做这件事，做起来很愉悦？

（2）我对做这件事是不是很有激情，在内心深处迫不及待地想要做这件事？

（3）如果这件事要做一辈子，我后不后悔、愿不愿意？

如果这三个问题你的回答都是肯定的，那么这个事业就可以作为你终身追求的事业。人生如此，领导力的修炼亦如此。你应该确定的是，你是否愿意成为一名领导者，愿意为领导力付出一切，不断刻意修炼你的领导行为，把自己培养成为一名真正的、受人尊重的领导者。

2.7 领导力修炼的三大入口

塞缪尔·斯迈尔斯是英国 19 世纪最伟大的伦理学家，被誉为“西方的成功学之父”和“卡耐基的精神导师”，他有一段名言，史蒂芬·柯维博士在《高效能人士的七个习惯》一书中也引用了这段话：

- 播种一种思想，收获一种行为。
- 播种一种行为，收获一种习惯。
- 播种一种习惯，收获一种性格。
- 播种一种性格，收获一种命运。

思维→行为→结果，是一个帮助人们实现改变的模式图（见图 2-5）。就领导力而言，改变从哪里开始呢？从思想开始？从行为开始？还是从结果开始？哪个入口更简单、更容易呢？

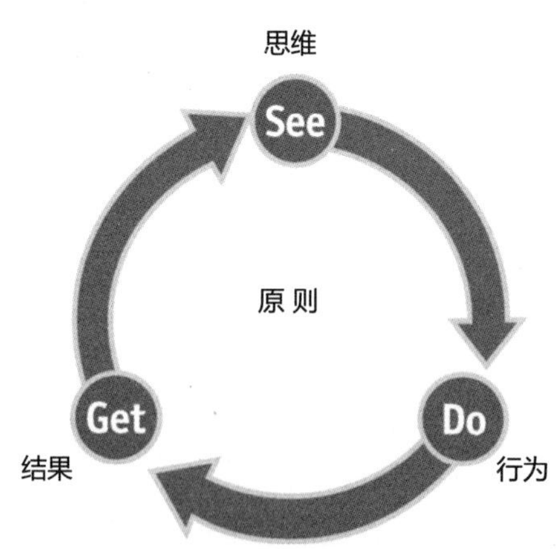

图 2-5　帮助人们实现改变的模式图

改变一个人的思想容易吗？不容易。一个人的思想受太多因素的影响，不仅与一个人的出身有关，还与一个人所受的教育与经历有关，是在历史的长河中慢慢形成的。教育的全部意义就是要改变一个人，塑造一个人，提升一个人。如何改变一个人的思想？读书、学习是必不可少的。读书是一种间接的学习，除了间接学习，还有直接学习。走出去，看一看别人的做法，看一看别人的成功之道，看一看别人的模式，看一看别人的生活方式，是可以改变我们的思想和价值观的。

每个人的改变，都会经历一个漫长的过程，有从个人亲身经历的直接经验中学习的，也有从别人的间接经验中学习的。聪明人之所以聪明，往往是因为他能够举一反三，从别人的间接经验中学到很多。读万卷书，行万里路，阅人无数，听名师开悟，是一个学习的路径与程式。民间高手还把这样一个历程总结为一条三阶段的“鄙视链”，很有智慧：读万卷书不如行万里路；行万里路不如阅人无数；阅人无数不如名师开悟。领导力的修炼往往也会经历这样的一个过程，从阅读领导力的书籍开始，然后在工作和生活中向他人学习，在实践中不断提升。

行为习惯从何而来？如何打造一个人的行为习惯？就领导力而言，从个人领导力，到团队领导力和组织领导力，都是以行为为核心的。史蒂芬·柯维的高效能人士的七个习惯、库泽斯和波斯纳的领导力的五种习惯行为和十项承诺、帕特里克·兰西奥尼的克服团队协作的五种障碍，还有美国宇航学家、天体物理学家查理·佩勒林博士开发的 4D 领导力系统，它们都有一个原则，认为领导力是基于行为的，是可以学习的，也是可以训练的。

行为习惯的培养靠训练，而且是刻意的训练。部队士兵是训练出来的，世界冠军是训练出来的，钢琴家是训练出来的，优秀领导者也是训练出来的。还记得电影《阿甘正传》中的阿甘、《士兵突击》中的许三多吗？他们在部队成为“兵王”，都是训练出来的。想一想“训练”这个词，在脑子里会出现什么样的情景？训练意味着刻苦，意味着重复，意味着单调，意味着年复一年、日复一日，这样才能把一个普通的人打造成一个出类拔萃的人。

> 佛罗里达州立大学心理学家安德斯·艾利克森研究了一系列在专业领域中的成功人士，他们都是行业中的佼佼者、业界的顶级人物，如国际象棋大师、小提琴家、运动明星、记忆高手、拼字冠军、杰出医生等，他首次提出了“刻意练习”这个概念。很多人都以为杰出源于天赋，而真正的“天才”却说：我的成就源于“正确练习”！刻意练习，练习一万个小时，是成为高手的必备条件。没有人能随随便便成功，成功是刻意练习的结果。

罗马不是一天建成的，习惯也不是一天培养的。好的团队、好的行为习惯，都是长期训练出来的。看一看部队的训练，我们发现一个秘密。进去的是一个许三多；三年后，出来的是一个技能高超的“兵王”。这个巨大的转变是如何发生的？就是训练的结果。在部队里，我们看到，新兵每天早晨都要出早操、叠被子，而且班长还要拿着尺子去测量，看叠得是否整齐、是否规范、是否像豆腐块一样。有人会问，叠被子与打仗有什么关系吗？答案是没有直接的关系，却有间接的联系。叠被子就事情本身而言，没有什么特别的意义，但是就人而言，具有重大的价值。训练叠被子目的是训练人，训练人的服从，训练人的专业，训练人的习惯，训练人的纪律性。当这些行为习惯养成了以后，士兵上战场才能一切行动听指挥，才能步调一致，才能打胜仗。用一句禅意一点的话，这就叫作项庄舞剑，意在沛公。叠被子就是假物济人，借假修真。

行为的训练，需要一个抓手。在组织中，早晚会制度、看板管理、结果分享、考勤，其背后的价值和意义都是为了训练人，训练出一个拥有职业化行为的人，一个有正确价值观的人，一个愿意努力奋斗的人。在联想，有一个专门词汇，叫“入模子”。

思想和行为到底哪一个更容易改变？这得取决于人。有的人改变思想容易一些，有的人改变行为容易一些。这与人的天性和特点有关。

案例

有一只蝎子想过河，但是它不会游泳，此时见到了一只青蛙。

蝎子：“你可以背我过河吗？”

青蛙：“不行，如果我背你过河，你就可以在背上袭击我。”

蝎子：“我一定不会那样做的，如果那样做，我们两个都会死。”

青蛙：“好吧，我答应你。”

于是青蛙背着蝎子过河。

在中途，蝎子用尾巴刺了青蛙，它们一起往水里沉。

青蛙问蝎子：“为什么要这样做？这样你也要死啊！”

蝎子回答：“对不起，那是我的天性！”

所以领导者得琢磨，得研究不同的人，得因人而异。用思想改变知识型员工容易，还是蓝领员工容易？什么样的人改变思想容易？什么样的人改变行为容易？是年轻的员工容易改变思想，还是年老的员工？这些是有规律的，采取的措施因人而异是领导的艺术，也是领导的魅力所在。

没有行动，肯定不能成功；但有行动，不一定就能成功。刻意练习的背后还需要智慧，在反思中学习，在反思中改进，在反思中提高。美国陆军部队有一个好传统，叫作 AAR（After Action Review，行动过后回顾），即每次军事行动之后，都要进行回顾和总结。在摩托罗拉的项目管理中，必有一个管理动作，叫作 Lessons Learnt（经验总结）。一个项目做完以后，都要针对项目计划，认真做总结。当初项目是如何计划的？在实际执行中出现了什么样的偏差？为什么会出现这样的偏差？出现这样的问题后，采取了什么措施？纠偏的措施是否有效？谁执行的纠偏？经验和教训是什么？如果事情重新再来一次，这样的事情可不可以避免？

有的人改变思想容易一些，有的人改变行为容易一些；有的人善于学习他人的经验，有的人只能通过亲身的体验，在跌跌撞撞中学习和成长。改变视人而定，“入口”视人而异。没有一种方法是没有成本的。要想找到最省力气的改变的“入口”，需要每个人的向内反思和不断探索。

2.8 领导者的三件要事

领导者的工作千头万绪，要做的事情数不胜数，但关键的要事只有三件：第一，战略引领；第二，团队领导；第三，执行推动（见图 2-6）。做得要少而精，抓住关键的少数，而不是胡子眉毛一起抓。

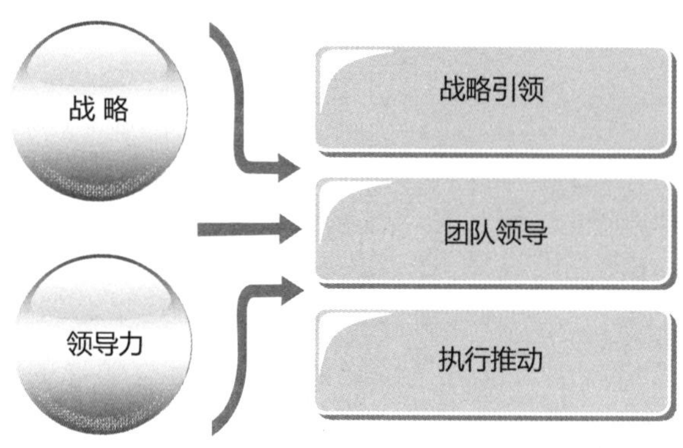

图 2-6　领导者的三件要事

领导者如何抓好工作中的三件要事？战略引领意味着什么？团队领导如何凝聚人心？执行推动如何做到措施有力？下面我们分别展开论述。

2.8.1 第一件要事，战略引领

作为领导者，首先要解决的问题是确定工作的方向，不能只顾埋头拉车，而不抬头看路。因此领导者必须回答我们是谁，我们从哪儿来，我们要到哪里去。领导者一定要思考和回答组织的愿景、使命和核心价值观等顶层设计的问题。在战略层面，领导者必须成为一名设计师，脑子里拥有清晰的蓝图。企业的战略定位是什么？如何为客户创造独特的价值与服务？如何确定企业的战略目标？如何将目标转化为清晰的 KPI？如何将 KPI 转化为计划？如何将计划转化为行动？如何将行动转化为结果？所有这些问题，都是领导者必须清晰回答的战略问题。领导者如果不具备思想上一定的高度，不具备战略思维的能力，不具备一定的眼光和格局，就不可能为组织指明方向，也不可能实施战略引领，带领团队打胜仗。关于战略领导力的详细论述，请见第 3 章。

2.8.2 第二件要事，团队领导

领导者不仅要具备战略设计能力，还要具备战略领导能力。事要靠人来执行，业绩要靠团队来完成。业绩的背后是团队，团队的背后是领导。团队成员如何就目标达成共识？如何保持团队成员的方向一致、目标一致、行动一致？如何做好环境扫描？如何做好竞争分析？如何找到成功的关键要素？如何保障行动有效？如何做好风险识别和风险应对？所有的这一切，都考验着领导者的智慧与能力。

团队成员面临着两个关键挑战：一是外部的，如何应对快速变化的环境，让组织不断与时俱进，适应外部环境的变化；二是内部的，如何确保组织在不断发展与变化的过程中保持活力，让每个人拥有激情与战斗力。

影响一个人，也许靠领导者以身作则和示范就可以了。但若要影响一个团队，影响成千上万的人，则需要更多的领导力，需要原则与价值观的引领，需要思想与文化的凝聚，需要流程与制度的约束与规范。在这方面，华为的任正非、联想的柳传志、中化的宁高宁、阿里巴巴的马云等，都是中国杰出的代表。

在团队管理中，你不能只靠下命令。命令解决不了创新的问题，解决不了积极性的问题，解决不了责任感的问题，更解决不了活力和士气的问题。在动荡和不确定的时代，领导者需要赢得信任，团队才会共创和共责。德鲁克说："领导力是营销，不是销售。营销是以顾客为中心的，领导者也要以员工和团队为中心。"陈春花的观点是，员工赢，企业才能赢。可见英雄所见略同。

做好团队的领导，文化与价值观的培养与塑造最为重要。

如果说目标管理是对结果的管理的话，那么文化与价值观的管理则是对过程的管理，或者说是对人的行为与态度的管理。如何做好人的行为与态度的管理，是考验一个管理者水平高低的试金石。凭什么管理一个人？金钱、权力、利益，思想、行为和魅力，这些都是影响力因子。

影响人的时间有长有短。能够影响人 1 000 年的，我们把他叫作圣人；能够影响人 100 年的，我们把他叫作伟人；能够影响人 10 年的，我们把他叫作能人；能够影响人一年或几天的，那就是普通人。影响人正是领导力的核心所在。

对企业的中高管领导者而言，实施价值观领导，发挥更大的影响力，统一人的思想与行为，是一门大学问。

案例

联想的柳传志有个执行三原则：第一条，如果有规定，坚决按规定办；第二条，如果规定有不合理之处，先按规定办理并及时提出修改意见；第三条，如果没有规定，在请示的同时，请按照联想文化的价值标准，制定或建议制定相应的规定。由此，在联想做事情，人们就有了文化的观念，不会随心所欲或自以为是。有规定无论你是否认为合理，都要按照规定来做，不能因为你觉得不合理，就可以蔑视它或进行变通处理；对不合理的规定你可以提出修改意见，提意见是公司赋予每位员工的权利，同时也是一种责任和义务，既有利于公司，也有利于个人的发展。但在规定没有更改之前，你还得按照规定执行。这便是文化的力量。

无论是大公司还是快速发展中的小公司，公司的制度、流程与规范不可能是面面俱到的，也不可能是方方面面都合理的，难免会滞后，会有灰色的地带，会有不清晰的地方。因此，价值观的作用就是帮助员工和团队更好地执行、更简单地执行、更多地执行。在没有相关规定的时候，一般情况下，要请示上级，同时主动按照公司文化的价值标准，去制定或建议制定相应的规定。在紧急的情况下，在不立即处理就会损害公司利益的时候，可以按照公司的文化和价值标准自行判断和执行，事后再及时向上级汇报。

价值观培养的是员工的文化意识和规则意识。对待规则，我们需要构建一种契约精神。当规则合理的时候，我们要执行；当规则不合理的时候，我们也要执行。这样才会有规则的约束性，规则也才会产生效率。如果我们在规则合理的时候，拥抱规则；而在规则不合理的时候，就挑战规则、蔑视规则，规则也便失去了效用和意义。

案例

IBM 的郭士纳上任后，在高管团队的第一次正式讲话中，就阐明了自己的管理理念与原则，成为赢得团队信任和支持的基础，也是指引团队变革和创新的指南针。郭士纳在这次会议中一共说了八条意见，我把它叫作“郭八条”：

（1）我按照原则而不是流程做决策。

（2）市场决定我们的一切行为。

（3）我是一个深深相信质量、强有力的竞争、战略与规划、团队合作、绩效工资制和商业道德责任的人。

（4）我渴求那些能够解决问题和帮助同事解决问题的人，我会开除那些“政客式”的人。

（5）我将致力于战略的制定，剩下的执行就是你们的事儿了。你们只需要以非正规的方式让我知道相关的信息即可。不要隐瞒坏消息，我痛恨意外之事；不要试图在我面前说谎；要在生产线以外解决问题，不要把问题带到生产线上。

（6）动作要快。不要怕犯错误，即便是犯错误，也要由于是我们动作太快而不是太慢导致的。

（7）我很少有等级制度的观念。无论是谁，也无论其职务高低，只要有助于问题的解决，大家就要在一起商量解决。取消委员会决策制度，让我们多一些坦率和直截了当的交流。

（8）我对技术并不精通，我需要学习，但是不要指望我能够成为一名技术专家。而你们作为事业部的负责人，必须能够为我解释各种商业用语。

宁高宁当年在中粮的时候，也特别注重文化与价值观的领导，在北京西边的忠良书院，是一处宁静的可以安心学习的世外桃源。中粮的中高管团队每年都会定期到这里培训，而且宁高宁经常亲自讲课，乐此不疲。在忠良书院的教室里，就挂有许多宁高宁的讲话，其中有一段话让人印象特别深刻：

- 虽然我们经历过很多困难，我们还是相信人是可以教育、可以提升、可以塑造的。我们相信把人放在一个伟大高尚的组织中，他也会变得伟大高尚起来。
- 我们相信把人的个体目标和一个组织的整体目标协同起来是管理学的核心。
- 我们相信管理好了人几乎等于管理好了一个企业的全部。
- 我们相信企业中任何问题的发生、成绩的取得，在反思一大圈后原因还是要归结到人上。
- 我们相信每个人的生命都应该是五彩缤纷的。我们相信任何组织的成功都依赖它的成员的潜力得到发挥。
- 我们相信一个人、一个组织是要有精神的。
- 我们相信一个人、一个组织是要有目标的。
- 我们相信做一个好的人、好的经理人是有标准的。
- 我们相信无论组织大小，它的领导人要有领导力，这样才会有一个健康、蓬勃的组织。
- 我们相信我们团队的成员都有强烈的愿望来完善自我，提升自身在团队中的能力。
- 我们相信领导力是一个标准、一个期望、一个规则、一个方向，是能够把我们每个人都变成更好、更有能力的人的一种方法。

追随的背后，不是权力，是价值观。华为的任正非就懂得这种力量。任正非的一句名言“资源是会枯竭的，唯有文化才能生生不息”被广为传诵。

早在 1996 年，华为还只有 800 多人，正处于高速扩张的起点，为了统一思想、统一步调、统一价值观，华为开创了中国企业的先河，制定了“华为基本法”。它对公司的宗旨、目标、定位、价值分配、经营政策等方面都做了阐述，明确了公司的战略，构建了公司未来发展的宏伟架构。华为基本法实际上是把任正非的管理哲学和思想，用统一的语言集中进行了一次梳理，是中国企业第一个完整系统地对价值观的总结，对中国的企业文化建设起到了很大的推动作用。

2.8.3 第三件要事：执行推动

战略规划是一回事，执行落地又是另一回事。领导者凭什么赢得团队的追随？凭什么登高一呼，应者云集？追随者的性格各异，利益诉求不一，领导者如何凝聚人心，鼓舞大家向着团队的共同目标前进？如果说战略是由一小群高管设计出来的理想蓝图，那么战略执行则需要赢得每个人的参与和奉献。这绝不是喊喊口号就可以的，而是需要一套科学的体系支撑。

德鲁克说："下一个社会中，公司的命运越来越掌握在最高管理层手中。最高管理层的责任包括为整个组织设定发展方向，做计划，定战略，确立组织的价值观和原则，设计组织架构等。最高管理层最重要的任务是建立组织的独特个性。"因此，必须清楚地认识到，领导者是通过组织的使命和战略对团队实施领导和管理的。

德鲁克还说过一句话："组织的目的是使平凡的人做出不平凡的事。"能不能使平凡的人取得超出他们能力的绩效，能不能激发组织成员的积极性，并且利用他们的长处，使组织的所有成员表现得越来越好，也就是说，能不能使团队成员相互取长补短，是对组织的一种检验。

赋能团队，开启成员的智慧，激发他们的创造性，激发组织的活力，让组织成为一个有学习能力、有战斗力的有机体，是执行推动的着力点和放大器。

执行推动至少需要从三个方面努力，如图 2-7 所示。图中的"金三角"

可以描述为：左手领导力，右手项目管理，中间绩效管理。领导力是关于人的，项目管理是关于事的，绩效管理把人和事关联起来。执行推动需要这三个方面的协同与配合。

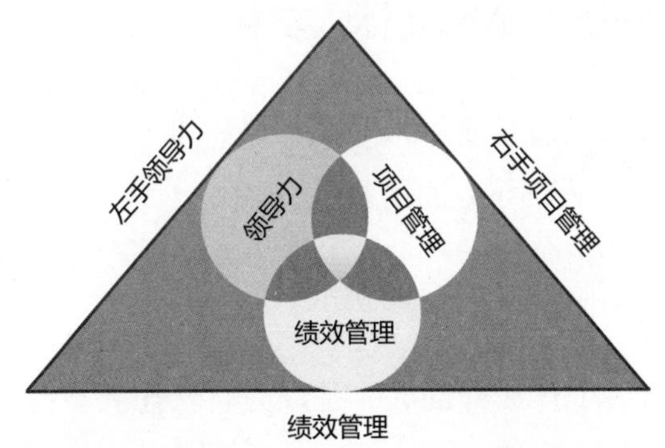

图 2-7　执行推动的三大体系保障

有些企业一直提倡执行力，喊了多年要提高执行力，但不见执行力的提高。其中的症结，有如下三个：一是领导者不明白，执行力的另一面其实是领导力。领导力不高，领导者的目标不清晰，意义不明确，员工的执行力不可能高。二是员工意愿不高、积极性不够。这是因为领导者只知道要结果，不懂得激发和赋能员工。三是员工缺乏解决问题的能力。这是因为企业缺乏一套做事的流程和机制。执行推动的“金三角”正是为解决这些方面的问题服务的，通过提升领导力，推行项目管理，做好绩效管理，构建一套体系，让组织的战略执行落地。

2.9　领导力的三个风向标

人们对领导力有很多错误的认知，有些不了解领导力的人甚至认为领导力是“假、大、空”，是一些道德说教，或者是权谋和权术。德鲁克说：“领导力就是要把人提高到一个更高的境界。领导力不是假、大、空，领导力是真、善、美。”领导力的真、善、美是区分伪领导力与真领导力的风向标。

2.9.1 领导力的第一个风向标：求真

领导力首先要解决的是领导好自己，然后再领导他人。找到真实的自我，做真实的自我，是领导力的前提。

领导力求真，面临三个方面的挑战：

（1）我要成为一个什么样的人，是成为自己想要成为的那个人，还是成为人们期待你成为的那个人？

例如，你对自己的人生有规划、有愿景、有目标，但你的家人对你的期望可能有所不同；你成年以后，要娶一个什么样的太太，或者嫁一个什么样的老公，家人对你的期望可能与你自己的想法有很大的不同。作为一名领导者，你有自己的使命、愿景和核心价值观，但他人的期望可能带来一些冲突。例如，你是要成为一个自己心目中的好老板，还是成为一名员工心目中的好老板呢？通俗地说，你是该倾听自己，还是倾听别人？是听自己的多一些，还是听别人的多一些？

幸运的是，人生的选择并非总是那么残酷，必须在黑白之间、在 0 和 1 之间做选择。在这个世界上，在黑白之间还会有灰，在 0 和 1 之间还有 0.2 和 0.9 等。如果把时间放长一点，不在“一城一池”上较劲，不在“一时一事”上论输赢，很多事情还是可以找到平衡的。如何做出选择，正是我们需要学习和思考的地方。孟子说：“君子爱财，取之有道。穷则独善其身，达则兼济天下。”这不能不说是一种人生智慧。

领导者的使命，就是要动员群众为了共同的愿景而努力奋斗。因此，如何求同存异，如何挖掘共同利益、找到共同诉求，是领导艺术的魅力所在。

（2）是选择利益导向，还是原则导向？

人生面临很多的诱惑，如何抵抗各式各样的诱惑呢？在巨大的诱惑和利益面前，是利益优先，还是原则优先呢？有时候，原则战胜了利益；有时候，利益战胜了原则。“为了利益而谦卑地活着”就是有些人的价值观的写照。在每个重要的选择面前，考验的正是人的价值观、人的原则。

在企业中，作为一名领导者，经常要面对各种选择，特别是在利益和原则面前，领导者既要追求利益，又要坚持原则，如果两者不能兼得，该怎么办？领导力领域有位大师名叫詹姆斯·马奇，刘澜在采访马奇的时候，就问了这个问题，面对两难选择下的冲突，大师的回答是：领导者应该向唐·吉诃德学习。唐·吉诃德的原则是：我是一个骑士，骑士该怎么做，我就怎么做，我不去计算这么做的后果。马奇的观点是，一名优秀的领导者，就应该向唐·吉诃德学习，特别是在当下的这个社会，大家都太不“唐·吉诃德”了，也就是说，都太看重利益，不太看重原则。领导者真正要做的，是要在利益和原则之间做出取舍。如果既能坚持原则，又能获得利益，那当然是最好的选择。

在原则与利益面前如何做取舍？我们需要区分工具和目的。很多时候，我们对工具和目的不做区分，甚至把工具当成了目的。例如，钱不是万能的，但没有钱是万万不行的。那么，钱到底是工具还是目的？其答案是非常有价值的，可以帮助我们更好地思考和决策。在课堂上，我曾经提出一个问题，让学员们回答：如果你有了无数的钱，你会做什么？据调查，很多人对这个问题都没有很好地思考过。其中一个学员的回答最为精彩，她说会坐在床上数钱。当然，这个回答，引起了全班同学的哄堂大笑。我进一步问：你都有无数的钱了，你数它干吗？她的回答直截了当：我高兴！

有钱难买我高兴。这是她的选择。这里我们没有说谁高谁低、谁对谁错，我们只是想探询钱到底是工具还是目的。绝大多数人把钱当成工具，而非目的；当然，也有人把钱当成了目的，钱就是一切。2019 年，在中国华融集团公司董事长赖小明——号称中国“金融第一贪”家的保险柜里，发现了 2 亿多元的现金。他自己交代说：“他不敢花，也舍不得花。”

（3）我应该坚持什么原则？原则有很多，你选择哪个原则呢？你把哪个原则放在第一位呢？有时候，原则甚至还可能是相互对立的，那时你又选择哪个原则呢？例如，对事不对人，还是对人不对事？

想一想下面的情景，你会如何选择？

> 一天深夜，你同朋友一起，开车路过一个十字路口，闯了红灯，不幸的是，拐弯时碰倒了一个骑自行车的人。如果没有闯红灯，这只不过是一起普通的交通事故案，但如果闯红灯，那案子的性质则完全不同。朋友是否闯了红灯，只有你一个证人，那里没有摄像头。你是举报，还是不举报？再进一步，你更愿意与哪种人交朋友？你更信任哪种人？是更愿意与举报朋友的人交朋友，还是更愿意与不举报朋友的人交朋友？你是更信任举报朋友的人，还是更信任不举报朋友的人？这是考验人的一个难题。

很显然，这并不容易选择。原则的背后，涉及法、理、情的关系。在西方文化中，人们更多倾向于法、理、情；而在东方文化中，人们更多倾向于情、理、法。有的人会选择举报的人，有的人会选择不举报的人。前者会说，一个不遵纪守法的人，是不值得信任的；后者会说，一个连朋友都不保护的人，不值得信任。

社会生活分“公”与“私”两个方面。一般来讲，在公共生活领域，公法应该高于私法。换句话说，一个应该被遵循的普适原则是，个人服从团队，团队服从组织，组织服从社会。但在个人生活领域，在法律之外的事情，每个人都有自己选择的权利，是应该得到尊重和保护的。

企业里涉及的最重要的四种关系是股东、客户、员工和领导者。那么，把谁排在第一位呢？很多人会说客户。有很多企业，确实是这么说的，也是这么做的，如华为。也有一些企业把老板或股东的利益放在第一位。还有一些企业把员工放在第一位，因为它的经营哲学是，要想有微笑的客户，首先要有微笑的员工，如美国西南航空公司。到底把谁放在第一位，是与公司的创始人和公司的文化有关的。总之，原则是分层级的，有大原则、中原则和小原则。搞清楚原则的顺序，才能做好原则的取舍。

在进行原则取舍时，可以考虑两点：第一，坚持法、理、情的原则。对法律之外的事情，则追寻自己的内心，想清楚自己到底想要什么；第二，放弃 0 和 1 的思维，可以选择 0.1、0.2 和 0.3 等，争取达成双赢，让鱼和熊掌两者兼而有得。

事实上，一个真正优秀的领导者，其思维有一个特质，就是可以兼容两种操作系统，能把两种对立的东西很好地统一起来，不仅看到它们的对立，同时还能看到它们的统一。柯林斯把这个思想称为“斯托克代尔悖论”。斯托克代尔是美军的一个将军，是越南战争中被俘的美军最高将领，在战俘营被关了七年。在获释后，人们问斯托克代尔将军，哪些人没能活着离开战俘营？斯托克代尔说：“是那些乐天派”。人们不理解，追问：“为什么乐天派没能活着离开？做乐天派难道有问题吗？”斯托克代尔将军解释说：“那些人整天想着‘圣诞节前我们会出去’，圣诞节来了，他们没有出去。他们又想‘复活节前我们会出去’，复活节来了，他们还是没有出去。然后是感恩节，然后又是一年的圣诞节。最后，他们的希望破灭，心碎而死。”总之，一个人要活着出来，既要有最终必将胜利的信念，还要能直面现实的残酷；既要看到希望，还要看到现实。

2.9.2　领导力的第二个风向标：求善

领导力是一种关系，是人与人之间的关系。只有善，才会有真正的凝聚力和感召力。

与上级的关系、与下属的关系、与横向同事的关系、与外部合作伙伴的关系和与自我的关系，是领导力的五大关系系统，我把它叫作 5L 领导力，如图 2-8 所示。

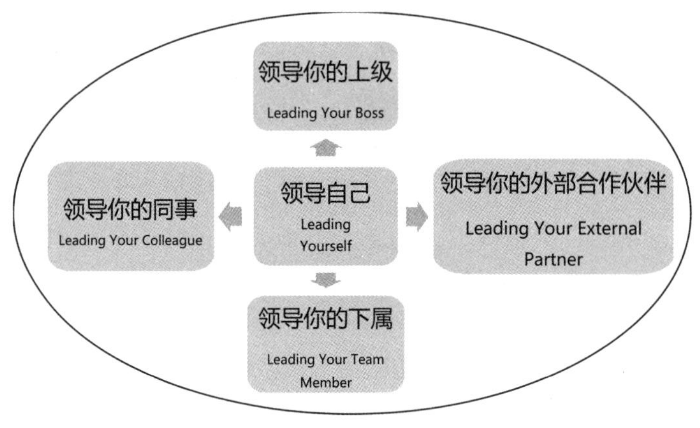

图 2-8　5L 领导力

中国的传统文化向来重视人与人之间的关系。儒家的经典著作《礼记·大学》中说："古之欲明明德于天下者，先治其国；欲治其国者，先齐其家；欲齐其家者，先修其身；欲修其身者，先正其心；欲正其心者，先诚其意；欲诚其意者，先致其知，致知在格物。物格而后知至，知至而后意诚，意诚而后心正，心正而后身修，身修而后家齐，家齐而后国治，国治而后天下平。"修身、齐家、治国、平天下，成为古代仁人志士的道德修养和关系准则。

领导力的起点是修身，修身的方向是仁义、善良。中国的传统文化提倡做人的准则是仁、义、理、智、信，忠、孝、廉、耻、勇，强调的就是做人方面的道德准则。

在两千多年前，中国的“孙子”（本名：孙武）提出了世界上第一个领导力素质与能力模型，简洁至极。在《孙子兵法》的开篇“计篇”的一开始，孙子就指出：“将者，智、信、仁、勇、严也。”这个对将者的五项素质与能力要求，就像一座灯塔，指引着人们修炼自己的品性。

我们说领导力是善的，其中还有一个经典的领导力挑战，即忠诚与真诚的关系。

- 我们期待一个好的下属、一个可靠的接班人，最重要的标准是什么？
- 我们期待一个好的上级、一个值得追随的上级，最重要的标准是什么？

我在无数的中高管课堂上做过测试，虽然没有标准答案，但结果倒是非常有意思。大部分领导的选择是，他们期待下属忠诚；而大部分下属的选择是，他们期待上级真诚。在一次课堂上，一位中层领导情绪激昂地站起来说：老师，你讲得太好了。我们的期望是，我们的上级领导能不能对我们真诚一点，少一点儿忽悠；我们的下属能不能对我们忠诚一点，多一点奉献和牺牲。你看，这就是人性！构建一个和谐友爱的关系，对团队的凝聚力和组织的战斗力至关重要。

就真诚和忠诚而言，运用“四象限”工具，我们可以把人分为四类；第一类人，不真诚也不忠诚，这样的人，可以归类为小人。第二类人，不真诚但忠诚，可以归类为愚忠之人。所谓愚忠，就是认定一个人，追随一辈子，不问东西，不问对错。第三类人，真诚但不忠诚。古希腊哲学家亚里士多德是柏拉图的弟子，他作为柏拉图的高足，并不墨守成规于柏拉图的体系，相反，他对柏拉图的理论进行了激烈的批评。亚里士多德讲过的一句名言“吾爱吾师，吾更爱真理”被传诵几千年。这类人可归类为刚烈之士。第四类人，既真诚，又忠诚，显然这是“善”的最高境界。我们都喜欢这样的人，都愿意培养这样的人作为接班人（见图 2-9）。

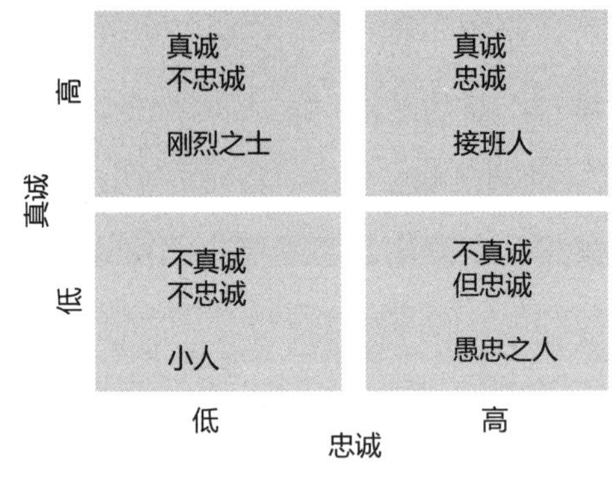

图 2-9　四类人的划分

领导力是善的，我们还要谈一谈有关领导力的另一个著名的难题，也叫领导力的“希特勒问题”。

希特勒是否有领导力？一下子还真的不知道如何回答是好。有人回答说“有”，有人回答说“没有”。希特勒确实能够登高一呼、应者云集，是一个有影响力的领袖人物。领导力到底是一个中性词，一个工具、一套技巧，无关乎价值观、对错，还是一个有倾向性的词汇，与价值观有关、关乎对错及真善美？这是有关领导力的一个大是大非的命题。德鲁克一辈子都非常谨慎地使用领导力一词，就是因为德文中的领导力一词与领袖一词相同，他对希特勒式的“领导力”非常警惕。德鲁克认为，领导力是有方向的，是关乎价值观的，是讲究对错的，是有真善美的。德鲁克的观点是，所谓领导力，就是要把人们的境界提高到一个更高的层次。希特勒是反人类的、反人性的，是不道德的，是没有领导力的。在这种意义上，我们需要小心区分影响力与领导力。

领导力是善的，柯林斯的一个研究结论可以作为佐证。柯林斯在《基业长青》一书中说：“如果你想建立一家伟大的公司、一家基业长青的公司，虽然不是每个人都想那么做，但是如果你想，你就需要有超越利润之上的目的。”做企业要挣钱，但做企业不仅仅是挣钱，这就是一般企业与伟大企业的区别。伟大的企业都有超越利润之上的目的。

如果你去看一看那些伟大的公司，你会发现它们的愿景、使命和价值观，都有超越利润之上的目的。正是这些超越利润之上的目的，才把人心凝聚起来，让一个组织拥有基业长青的基因。同仁堂拥有 350 年的历史，一副牌匾“炮制虽繁必不敢省人工，品味虽贵必不敢减物力”传承至今。同仁堂的同修仁德、济世养身的情怀，感召的是天下的人心，赢得的是大众的厚爱。

案例

在湖南，有一家著名的企业名叫远大空调。公司的核心价值观为企业和团队的经营行为画了一条清晰的、重重的红线：

- 不污染环境。
- 不剽窃技术。
- 不蒙骗客户。
- 不恶性竞争。
- 不搞三角债。
- 不偷税、不行贿。
- 不昧良心。

在“比尔·盖茨时代”，微软的使命是“让每张桌子和每个家庭都有一台电脑”。在“巴尔默时代”，微软从一家软件公司变为一家提供设备与服务的公司，它的使命是“为个人和企业用户提供一系列的设备与服务”。微软的现任 CEO 萨提亚·纳德拉在 2015 年上任后，为微软提出了一个新使命：“赋能全球每个人、每个组织，帮助他们成就不凡。”这就是超越利润之上的目的，也是微软重回行业巅峰的开始。

让我们再来看看值得反省的案例。

2019 年 5 月 17 日，百度发布第一季度财报，出现了上市 14 年以来的首次亏损。2018 年同期还有 67 亿元的净利润，2019 年 1 季度突然亏损了 3 亿多元，并因一些事件成为一家备受争议的互联网公司。

百度有技术、有市场、有产品、有品牌，事实上，百度占尽天时、地利、人和。但是百度没有跟上移动互联网的步伐。PC 时代被动搜索引擎的重要性开始下降，以今日头条为代表的移动互联网技术开发出的新算法，让获取资讯的方式从过去的“人找信息”转变为“信息找人”。互联网行业的环境变化，只是百度亏损的表面原因，从更深层次来看，百度的若干负面事件，让人质疑其企业文化和价值取向。

和大多数商业公司一样，百度选择了利润最大化的经营模式，通过竞价排名获取更高的广告额，这在很大程度上降低了百度的公信力和人们对百度的期望。2016 年发生的魏则西事件、福建莆田系的医疗广告，让人们对百度的信任度一落千丈，这自然也会对百度的品牌和形象产生负面作用。或许是因为这个缘故，腾讯的马化腾聪明地学到了经验教训，把腾讯的新使命定位为“科技向善”。

在中国，有一个知名度很高的人叫冯仑，是万通地产的老板，被称为地产界的“思想家”和“段子手”。他写过一本书叫《野蛮生长》，非常畅销。他在书中把企业比作一座庙，非常有意思。冯仑是这样写的：

> 以我的观察，好的企业就像一座庙。在庙里，常常能看到有位不幸的妇女在跪拜。她家里还剩 10 块钱，老公要病死了，她拿 5 块钱去庙里下跪，拿了一把灰、求了一个签、磕了几个头、听了几声木鱼响、看了几眼晃动的蜡烛，然后带着希望回了家。这叫什么？这叫客户。庙里那个小和尚敲着木鱼把蜡烛点亮，把收钱的箱子收拾好，晚上把箱子拿走。他呢，就是职业经理人，他传达大和尚和佛给客户的希望，具体标志是敲好木鱼、点好蜡烛并把箱子收拾好，别让客户把钱扔错地方。

企业家是谁？就是小和尚后面的大和尚，企业就是那座庙。你永远看不到大和尚，他经常去建新的庙，到晚上等着小和尚把收钱的箱子抱进来数“布施”。

客户拿走的是一包香灰和 99%的希望；大和尚卖的是 1%的产品，给人的是 99%的希望。这中间传达信任的使命是由职业经理人来完成的。之所以还有客户，如这个妇女第二年儿子快死的时候还会来，是因为她相信佛给她的希望是真诚的，相信大和尚给的这包香灰是灵验的，尽管回去以后老公和儿子都死掉了，但她还是无怨无悔。这就是客户忠诚度。所以我说，一个好的企业就是一座好的庙，一个好的企业家就是一个好的大和尚，一个好的职业经理人就是一个好的小和尚。我们给客户的永远是 1%的使用价值和 99%的希望。管理，不管你千变万化，只要能做到给客户 1%的使用价值和 99%的希望，就是最好的企业。我觉得，现在企业家最终都是为了建这座庙。我以为，管理的最高境界就在于不仅能把明确的规则搞清楚，而且也能把潜规则搞清楚，最后建好“自己的庙”，成为一个伟大的“大和尚”。

冯仑是一个思想家，他在这里做的是一个比喻，想讲的是什么是企业，什么是企业家，什么是职业经理人的职责、定位与使命，很生动、很简洁，也很容易懂。但这里多少有一点误导，甚至有一点“忽悠”的味道。因为一个企业或企业家绝不能只给人们一点希望，他们应该做更多的事情，应该为客户提供实实在在的产品与服务，帮助人们解决实实在在的困难。一个真正优秀的企业之所以能够基业长青，是因为社会需要。被需要是企业存在的根本，帮助人们解决问题才有价值。得道多助，失道寡助，讲的也正是这样的道理。

领导力求善，其使命不是挣钱，挣钱只是企业持续经营所必需的一个产物，是一个手段，但不是目的。企业和企业家，不仅要能挣钱，还要有一点理想和情怀，不断为自己的理想奋斗，为社会创造价值，进而为社会的理想奋斗。

2.9.3 领导力的第三个风向标：求美

对于领导力，一千个人会有一千个定义。美国当代杰出组织理论家、领导力大师本尼斯说："领导力就像'美'，它难以定义，但当你看到时，你就知道。"

关于美，至少有以下三个方面的特性：

- 美是人们对于未来美好生活的不断向往。
- 美是以人为中心的，是因人而异的。
- 美是一种极致的情感体验。

（1）美是人们对于未来美好生活的不断向往。5G 通信技术、人工智能、无人驾驶汽车，无不服务于这一目的。企业的转型、创新和升级，就是为客户创造所需要的产品和服务，领导力的最终目标是帮助人们创造美好生活，为客户创造价值。

（2）美是以人为中心的，是因人而异的。库泽斯和波斯纳对领导力的定义是：动员群众为了共同的愿景而努力奋斗的艺术。艺术的背后，强调领导力一定要因人而异、因事而异和因环境而异，不能搞"一刀切"。在人才的选、用、育、留方面，领导力强调的是尊重人的天性，用人之长。有人问意大利文艺复兴时期的著名雕塑家米开朗琪罗："你是怎么雕刻出这座完美的雕塑的？"米开朗琪罗回答："这座雕像原来就在那里，我只是将它多余的边边角角去掉而已。"法国雕塑家罗丹说："世界上并不缺少美，而是缺少发现美的眼睛。"就领导力而言，领导者的使命就是发现人的优势，着眼于其长处，激发每个人的善意，把每个人的天赋发挥到极致。

就团队领导而言，领导力的另一个核心思想是视差异为机会。思想的差异、行为的差异，正是学习与成长的基础。当然，走出舒适区、尝试新的事物，会使人有一些不适应，这也正是学习与成长的代价。

（3）美是一种极致的情感体验。苹果的创始人乔布斯就是这一理念的杰出代表。乔布斯在开发苹果手机时，给团队提出的要求是，整个手机只允许有一个按键。在当年“键盘”大行其道时，这不能不说是一个疯狂的想法、一个革命性的变革。对美的追求、对美的极致的情感体验，正是互联网时代转型、创新与升级的突破口。小米的雷军提出的互联网思想的七字秘诀“专注、极致、口碑、快”，正是这一思想的体现。

2.10 领导力的四个主要流派

有关领导力的理论很多，大致可以分为四个流派：特质领导力、情境领导力、变革领导力，以及行为领导力，如图 2-10 所示。

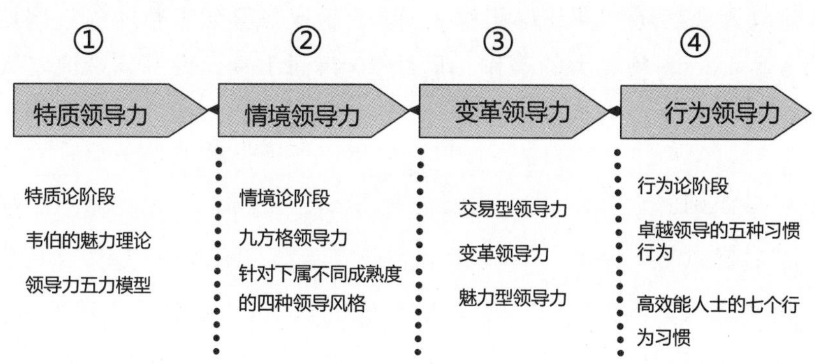

图 2-10 领导力的四个主要流派

20 世纪 40 年代末，也就是领导力理论出现的初期，研究者主要从事的是关于领导者的特质研究，研究的是一些伟大的领袖人物，如托马斯·杰弗逊、亚伯拉罕·林肯和甘地，形成了“伟人论”，其核心观点是领导力是天生的。

20 世纪 40 年代末至 60 年代末，人们开始认识到领导力不仅是关于领导者的，也是关于被领导者的。领导力是一种关系，一种领导者与被领导者的关系，领导者的行为与风格对领导力有重大影响。

20 世纪 60 年代末至 80 年代初，出现了情境领导力理论，其核心观点是，领导力是与情境有关的，在一种情境下有效的领导行为，在另一种情境下可能无效。要想有效地领导，需要考虑不同情境的影响。

20 世纪 80 年代初开始，变革领导力成为研究的焦点，它对领导力的作用过程进行了广泛地研究，领导力的研究开始扩展到愿景和价值观，以及人的行为动机等方面。其核心观点是：有效的领导需要愿景、信仰和精神的力量，它们对领导力会产生重大的影响。

在行为学派方面，我最喜欢库泽斯和波斯纳这两位大师，他们提出了卓越领导五种习惯行为和十大承诺，这些都属于基础行为。库泽斯和波斯纳的《领导力》一书，如今已出版了 30 多年，每五年更新一次，现在更新到第 6 版。一本领导力的著作，历经 30 年而不衰，说明其价值之大。卓越领导五种习惯行为分别是：

- 以身作则。
- 共启愿景。
- 挑战现状。
- 使众人行。
- 激励人心。

与以身作则有关的两个承诺是：明确自己的价值观，找到自己的声音；使行动与共同的价值观保持一致，为他人树立榜样。领导者首先一定要有价值观，其次还要让自己的价值观和组织共同的价值观一致，践行自己的价值观，做到知行合一。

与共启愿景有关的两个承诺是：展望未来，想象各种令人激动的可能；描绘共同的愿景，让大家一起为了共同的愿景目标去奋斗。前者关乎的是理想和梦想；后者关乎的是把愿景从“我的”变成“我们的”，这是共启愿景的关键。

与挑战现状有关的两个承诺是：善于捕捉创意和从外部获得创新的方法，以便找到改进的机会；敢于尝试和冒险，不断取得小小的成功，从小小的成功中获得成就感，在实践中学习和成长。

与使众人行有关的两个承诺是：通过建立信任和增进关系来促进相互之间的合作；通过增强自主意识和发展能力来增强他人的实力。前者强调的是信任和增进关系；后者的核心是要培养人，赋能他人。

与激励人心有关的两个承诺是：通过表彰个人的卓越表现来认可他人的贡献；通过创造一种集体主义精神来庆祝价值的实现。简言之，一个是表彰个人，一个是表彰集体。一个好的领导者，不能只懂得要业绩、要指标，还要懂得激励团队成员，以克服前进道路上的艰难险阻，不断提升团队成员的战斗力和凝聚力。

领导力可以千变万化，领导力的流派可以各种各样，但万变不离其宗。领导力的行为实践永远是学习和提升领导力的最好入口。

2.11 管理与领导的区别

谈及领导力，不能不说管理，不把它们之间的区别说清楚，就不能把领导力真正理解到位。

问一个问题：你是一个领导者？还是一个管理者？你会如何回答呢？这并不容易，对吗？管理和领导有区别吗？它们的区别是什么？我举一些例子，你感觉一下，区别到底是什么。

我们说：

- 孙中山领导了中国新民主主义革命。
- 毛泽东领导中国人民取得了抗日战争的胜利。
- 邓小平领导了中国的改革开放。

但我们绝不会说：

- 孙中山“管理”了中国新民主主义革命。
- 毛泽东“管理”中国人民取得了抗日战争的胜利。
- 邓小平“管理”了中国的改革开放。

在这里，我们可以看到，在该用“领导”的地方，如果用了“管理”，感觉有一点怪怪的，好像把一件本来很伟大的事情，说低了。

我们总是说：

- 管理一个机房。
- 管理一台设备。
- 管理一个会议室。
- 管理一个物业公司。

但我们不会说：

- “领导”一个机房。

- “领导”一台设备。
- “领导”一个会议室。
- “领导”一个物业公司。

如果我们把上面该用“管理”的地方，换成“领导”，也会感觉怪怪的。

当然，在有些情境中，管理和领导又有重叠的地方，我们用管理可以，用领导也可以。

我们可以说：

- 管理一个团队。
- 管理一家公司。
- 管理一个组织。

我们也可以说：

- 领导一个团队。
- 领导一家公司。
- 领导一个组织。

在这里，我们可以看到，管理与领导的一些基本区别与联系。

- 管理是基于事的，领导是基于人的。
- 管理是关于控制的，领导是关于激发的。
- 管理是关于效率的，领导是关于效能的。

总之，涉及人的层面的关于目的、意义和变革等方面的，都是领导的范畴；涉及事的层面的关于运行、控制、秩序等方面的，都是管理的范畴。当然，事要靠人做，二者既有区别又有联系，不能完全绝对区分开来。对于一个团队、一家公司而言，既需要管理，也需要领导。

关于管理与领导的区别和联系，五位著名的领导力大师基于他们的研究，提出了一些独特的看法。他们站在不同的角度阐述的观点可以帮助我们更好地理解什么是管理、什么是领导，从而把握好领导力的本质，更好地发展领导力。

- **约翰·科特的观点：**管理是以维持秩序为目的的，领导是以变革和创新为目的的。在很大程度上，管理是变革的“天敌”。
- **罗纳德·海菲兹的观点：**管理解决技术性问题，领导解决非技术性问题，或者是适应性问题、疑难问题。所谓技术性问题是指那些难点清晰、解决方案也清晰的问题；所谓适应性问题是指那些虽然难点清晰，但解决方案不清晰，甚至难点都不清晰，解决方案更不清晰的问题。
- **本尼斯的观点：**管理者把事情做正确，领导者做正确的事。也有人说这是德鲁克的观点。
- **柯林斯的观点：**管理者先事后人，领导者先人后事。公司最重要的资产不是人，而是合适的人。领导者不是首先决定把车开向何方，然后找人上车；而是先找正确的人上车，并且让错误的人下车，然后再一起决定把车开向何方。
- **诺埃尔·蒂奇的观点：**管理者最重要的事情是完成任务，领导者最重要的事情是培养领导者。领导者要当老师，不仅要有观点，而且还要有可教的观点。蒂奇认为，伟大的领导者不仅自己有思想，而且还能清晰地表达自己的思想，把自己的思想传授给他人。就像一个好的网球教练，不仅要懂打网球，更重要的是，要把自己的打球思想、理念和技能传授给球员，让球员们变得更优秀。

2.12 领导力的“色”与“戒”

有一部电影，把管理和领导这两件事，从另一个层面给说透了，那就是李安导演拍的一部电影，名字叫《色·戒》。

这部电影为什么叫《色·戒》呢？因为它是沿着“色”和“戒”两条主线，讲述了主人翁的故事。

什么是色？什么是戒？用导演李安的原话就是：“色，是我们的野心，我们的情感，一切着色相；戒，是能够适可而止，不过分，不走到毁灭的地步。”电影里“色”与“戒”的每次冲突，都是故事的高潮，有时候“色”战胜了“戒”，有时候“戒”战胜了“色”。“色”与“戒”之间的恩恩怨怨，是人生一辈子的纠结。

那么“色”与“戒”，“管理”与“领导”，它们之间又有什么关系呢？

在电影里的“色”，讲的是男女之间的一种性的原始冲动与诱惑，是人的一种欲望与需求。当然，人的欲望与需求不仅是性，还有其他很多东西，包括人对物质和精神的各种需求，如薪酬、福利、晋升、成就感、归属感，等等。回到企业，一名好的领导者，就是要懂得激发人的需求，引导人的需求，利用人的需求。人有需求不怕，怕的是没有需求。老百姓有一句话，叫作“哀莫过于心死”。一个心中没有理想、没有梦想的人，也是最难被领导的人。在这个世界上，有没有人属于这类无欲无求之人呢？从人性的角度来讲，没有这样的人。是人就有需求，只不过我们没有挖掘出来他的需求而已。所以，政委的角色、党政工团的工作、牧师的角色，都是为这个方面服务的，也都是非常重要的。

在电影中讲的“戒”是约束和限制，对组织忠诚，有信仰。“戒”这个词源自宗教。所谓“戒”，就是不允许做的事情，是一些不可逾越的红线。例如，佛教的第一戒就是不杀生。回到企业，“戒”有点像企业的规范、流程与制度，它们在很大程度上都有“戒”的属性，即如果违反了，就要受到惩罚。

因此，在这种意义上，我们可以看到，“色”与“戒”，“管理”与“领导”，它们之间的关系可以非常形象地表述为：

“色” = “领导”　　　　　　“戒” = “管理”

“色”好，还是“戒”好？“管理”有效，还是“领导”有效？先不着急回答，让我们设想一种场景：如果一个社会、一个组织、一个团队充满了“戒”而无“色”，那将会是一个怎样的状态？死气沉沉、没有创新、没有激情，对吗？反过来，如果一个社会、一个组织、一个团队充满了“色”而无“戒”，那又会是怎样的一个景象？无拘无束、一片混乱？

因此，在企业中，我们既需要“色”，也需要“戒”。“色”是“领导”，“戒”是“管理”。“色”与“戒”共同存在于企业中，需要达到一个相对微妙的平衡。领导力的“色”与“戒”既是一门科学，也是一门艺术！

如何着力于“色”？例如，在周末你计划组织一个团队活动，让大家去爬山。你如何让大家积极参与呢？有人说，他早就登过这座山了；也有人说，周末家里有重要的事情参加不了。你如何应对这样的挑战？

在培训中，学员们对解决这个问题提出了各种创意和想法。例如，丰富活动的内容，搞一个比赛或美食活动。还有学员建议说，由最高领导带队，在山顶发放高级的登山服。前者让人不敢不去，后者让人自觉自愿去。

还有其他方式吗？有人说，向团队阐述这次活动的特别目的与意义，创造一种特别的氛围，做一个特别有意义的活动，例如，找一个明星，请一个专家，做一点慈善或募捐，等等。当然，这些也都是有效的精神激励方式。

总之，从领导力的角度出发，组织一个活动，首先要解决的，一定不是计划、组织与奖罚问题，而是人的意愿问题，这叫动员。例如，组织一次登山活动，首先要解决的是如何让团队成员觉得登山有价值，想去登山。这是领导者要做的。至于如何做好登山活动的计划，安排合理的活动路线，进退有序，则是管理者要做的。全球顶级领导力专家、被誉为哈佛“三巨头”之一的约翰·科特教授说：“企业取得成功的方法，75%~80%靠领导，其余 20%~25%靠管理，而不能反过来。” 这句话揭示了领导力的重要作用，也反映了管理与领导的区别与联系。

2.13 领导力的七大挑战

未来的管理会发生什么变化吗？我们很多的管理理论都是工业时代的产物，我们学会的是对体力劳动者的管理，但我们还没有很好地学会如何管理脑力工作者。在今天这个不确定的时代，人们的需求越来越多元化，独立自主的意识也越来越强烈，人们不仅有强烈的物质需求，还有迫切的精神需求和情感需求。面对众多的脑力工作者和“新兴人类”，我们需要转型。在从管理到领导的转型过程中，面临着如下几个方面的挑战。

2.13.1 第一大挑战：管理方式如何从“逼结果”到“促结果”

赋能是互联网时代下的一个新名词，也是一个流行词。赋能的英文词是 Enabling、Empowerment，即由不可能到可能，赋予人们力量与能量。阿里巴巴的曾鸣曾说：“未来组织最重要的功能已经越来越清楚，那就是赋能，而不再是管理或激励。”换句话说，领导者如何由过去的简单粗暴的管控到复杂多元的教练赋能，从胡萝卜加“大棒”的“逼结果”到育人赋能的“促结果,”是一个重大的管理方式转型。传统型的领导者把大部分的精力都用在组织绩效的管理或增长上面,而现代的赋能型领导者则需要把更多的精力放在关注员工的学习和成长方面。

“逼结果”的背后，领导者扮演的往往是指挥官、司令官的角色，给下属设定强制性的目标与任务，通过强奖惩、强评比的方式，督促下属完成工作。对于知识型工作岗位，这样的管理方式已越来越不适合。新一代的员工和团队更喜欢教练的方式、辅导的方式、娱乐的方式，快乐地完成工作和任务。当下属缺少态度或意愿的时候，领导者要学会激发；当下属能力不够的时候，领导者要进行辅导。总之，团队对领导者的要求越来越高，共创、共享、共责、共成长，成为未来管理的一种新模式。

2.13.2 第二大挑战：如何正确处理个人绩效、挑战和技能之间的关系

如何提升下属的能力？如何树立他人的自信？如何培养他人的意志？如何应对环境的变化与不确定性带来的重大挑战？下属的行为反应与其自信心及能力有关。

想象一个情景，当你接受一个任务，其难度远远超过你的技能时，你的感受如何？你会不会感到焦虑、紧张、恐慌、压力重重？

再想象另一个情景，当你接受一个任务，其要求的技能远远低于你的工作能力，你感觉又如何？你会不会感到无趣、提不起精神？

当你感觉到紧张和有压力时，你不会把事情做好。同样，当你感到无趣时，你也不会把事情做好。那么，人们什么时候能把事情做好呢？克莱蒙特研究生院的心理学教授米哈依·齐根森特米哈依一生都在研究一个课题，即绩效与挑战和技能之间的关系。他发现的规律特别有意思，当人们

面对的挑战比自己当前的技能超出一点点时，他就能够把工作做好，这时虽然面对压力，但他是不会被压力压垮的；当人们感觉工作要求很高，但自己能力不够时，就会焦虑；当人们感觉有能力完成一件困难的工作时，就会感觉自己处于一种最佳状态；当技能与挑战相适应的时候，人们才会感觉到有信心；当高技能对应高挑战时，人们最有成就感，就会感觉到摆脱了平庸，会让人进入一种最佳绩效状态，他把这种状态叫作“心流”状态，如图 2-11 所示。

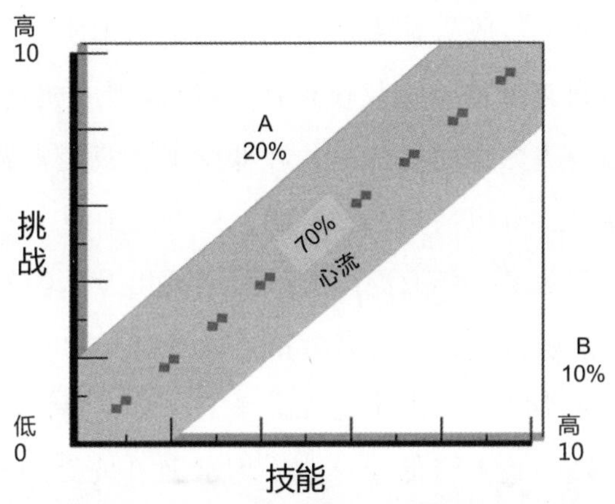

图 2-11　绩效、技能与挑战的关系

尽管在日常工作中不可能每项工作都会让人进入“心流”状态，然而，卓越的领导者总会努力创造条件，使人们更多地进入“心流”状态。也就是说，领导者需要不断地评估下属在工作中的执行能力。一般来说，对于一个特定的工作岗位，需要进行合理的工作安排，遵循 721 法则，即 70%的工作所需的技能与挑战相匹配，是正好胜任的；20%的工作挑战大过技能，给人创造一种刺激感和新鲜感；剩下 10%的工作，可以让挑战小于技能，给人带来一些轻松感。你是不是也期待着这样的工作安排？

2.13.3 第三大挑战：如何更有效地激励团队

如今人们的生活压力越来越大，生命的尊严与生活的压力到底哪一个更重要，每天都在考验着人们的选择。有些人认为只有物质手段能够提高人们的积极性，如金钱、权力和地位。但研究结果表现出相反的结论。人们并没有像一些人想象的那样被金钱或利益所影响，或者说影响得那么大。智睿咨询公司（DDI）发表过一个研究成果。DDI 采访了 1 000 多名来自各行各业的人，发现很多人都感到无聊，缺乏承诺，并且想要寻找一份新的工作。事实上，收入在人们给出的离职原因中仅仅排列在第五位，更主要的原因是缺乏激励（不仅仅是钱），以及晋升机会（成长）有限。在中国，类似的调查数据比比皆是。在课堂上，我经常做一个现场调查，问学员上一次涨完工资以后高兴了几天，是不是到现在还在激动。答案是显然的，没有人激动了，涨工资让人激动不了几天。总之，一个人在每天的工作中、在一个项目里，是否有激情、是否有干劲、是否有创造性，与上一次涨工资并无强关系。我并没有说涨工资不重要，如果一家公司长时间不给员工涨工资，且工资低于行业平均水平，员工是会选择离职的。

除了调查数据，一些研究也印证了这样的结论。人们会被很多因素所激励，而不仅仅是金钱或升职。其中最著名的一个研究来自弗雷德里克·赫茨伯格。赫茨伯格是一名临床心理治疗师，他第一个证明了工作时的满意或不满意是由两个不同的因素引起的——保健因素和激励因素，被称为“双因子”。他认为保健因素解释了为什么我们对一些事情不积极或不满意，而真正的激励因素则解释了为什么我们对于某些事情会积极和满意。

根据赫茨伯格的理论，所谓保健因素是指，如果没有被满足，就会引起不满意。保健因素通常与工作的背景有关，如工资、工作安全、工作条件、地位及与上级和同事的关系等。激励因素往往与工作的内容及意义相关，如职业发展、责任、创造力、成就、晋升、被认可及工作本身等，代表着人的更深层次的精神需求。赫茨伯格的研究证明了人们并不是被保健因素所激励的，而是被激励因素所激励的。我们为保健因素而奋斗，只是因为我们缺少了它会不快乐、不安全，可一旦我们得到它，它的影响力就渐渐消退了。很多人都认为金钱是最重要的激励因素，事实上，金钱并不能让我们变得更积极，只是如果金钱低于一定的标准，它会让我们变得不积极。尽管金钱很重要，但我们需要比金钱更重要的激励，才能得到真正的满足感。

心理学家爱德华·迪西和理查德·莱恩提出的自我决定理论进一步支持了这个观点。自我决定理论把焦点放在人们内心的动力源泉上，如一种获得知识和独立自主的需要，一种内在的自生动力。根据自我决定理论，当人们被内在动力驱动时，他们会产生更高的能量，能够更好地与人打交道，更自主地行使决策权。内在动力反映的是一种需要，需要掌控任务和学习新技能。例如，归属感是与人打交道和构建良好关系的需要；自主权是我们对自己的行为和目标有一种掌控感的需要。当这些需要没有被满足时，人们的表现和幸福感都会受到损害。

根据自我决定论，给予人们外在的奖励，如金钱、奖品和称赞，对于那些已经拥有内在动力的人，不但不会起到激励作用，反而会起到破坏作用，原因是人们的行为会被一种外在的奖励所控制，这意味着人们对他们的行为会失去控制力。

如何做好比金钱更重要的激励？如何更好地满足每位团队成员的个人需求？这并不意味着你要拼命让步，试图满足人们的所有愿望，但你需要做的是，更多地理解人们深层次的情感需要，它们确实是比金钱更重要的激励。下面这些问题，值得我们深思：

（1）你如何让人们感到有安全感，减少他们的担忧和不确定性？在这方面你做得如何？

（2）你以什么样的方式确保人们的工作拥有足够的多样性，富有挑战性和新鲜感？

（3）你如何让人感到他们自己很重要，并不断地表扬和肯定他们？

（4）你与人们经常进行一对一的对话吗？你是否会询问他们在工作中最喜欢什么和最不喜欢什么？

（5）你用什么样的方式创建团队精神？你让每个人都感觉到自己是团队的一分子，让其有归属感吗？

（6）你如何帮助人们成长，让他们获得新技能并发挥他们的天赋和特长？

（7）你支持人们的自主工作吗？你是如何做的？

（8）你是如何让人们感知到他们正在做一个有意义的项目或有意义的工作？

2.13.4 第四大挑战：如何理解人的深层动机

要想更好地激励人们，我们需要挖掘人的内在动机和真实需求，搞清楚是什么在驱动着一个人非做一件事情不可，其背后的原因到底是什么。

有些人做事从来不问为什么，他们沿着一条道路前进，从不问道路的尽头会是什么。人是一种社会性动物，需求是复杂的、多元的，而且每个人彼此都是不一样的。基于马斯洛的五层次需求理论，激励大师安东尼·罗宾和克洛伊·曼德尼斯提出了人类的六大需求，可以帮助我们更好地理解人的深层次动机。这六大需求不仅帮助我们更好地了解自己，也帮助我们更好地了解我们的下属。

（1）**确定性**。人们需要安全感、稳定性，需要事情可控、可预测。人们需要了解他们的角色是什么，工作将达成的目标是什么，以及他们如何为团队做出最佳的贡献。

（2）**多样性**。人们需要变化，需要新鲜的刺激和激动的感觉。人们喜欢一种新鲜感，或者说喜新厌旧，期望投入新鲜和令人兴奋的事情中，而不喜欢常年千篇一律地做一件事情。

（3）**重要性**。人们需要感到自己很重要、很特别，是唯一的。人们希望他们的工作和生活有意义、有价值，他们想知道他们的参与是有独特价值的，并且希望得到认可和肯定。

（4）**人际关系**。人们需要归属感，感到自己隶属于某个群体，是一个大家庭中的一分子。人们有一种强烈的愿望，期望被团队接纳和认同，并且得到团队群体的尊重。

（5）**成长**。人们期望学习和成长，期望不断提升和发展个人的职业生涯。人们想要获得学习的机会，期望了解各种信息和情况，学习和掌握各种工具与技巧，从而让自己不断学习和进步。

（6）**奉献**。人们有一种强烈的愿望，期望与众不同，期望服务和支持于某种超越自我的一些有意义的事情。人们希望自己的工作除了谋生目的，还在为一个有意义的事业做出贡献。这是一种更深层次的、精神上的被需要感。

对于人类的这六大需求，不同的人对其认知可能不同，对其重要性的排序也将会因人而异。一些人会认为多样性比确定性更重要；另一些人则格外强调人际关系和归属感。反之亦然。因此，一个好的领导者、一个善于赋能的领导者，必须充分了解每个人的需求，以及采取行动去满足它们。

值得注意的是，重要性是引起团队冲突的最大原因之一。如果人们感觉到他们没有被聆听、没有被认可，他们很可能制造出一些事端，哪怕是一点噪声，目的是获得人们的注意力。成年人与小孩在这个方面好像没有什么本质上的不同。他们甚至还会以一种破坏性的方式引起人们的注意，有时达到了目的，有时没有达到目的。为了避免这种情况的发生，一名优秀的领导者要学会倾听他人，认可他人的贡献，以及在公开场合公开地表扬他人。但你的赞扬必须真实和真诚，只有这样才有意义。破坏性的行为是这样发生的，是有规律可循的：当人们感觉到工作很无聊，感觉到他们的工作缺乏变化的时候，就会制造出一些小意外来寻求一点小刺激。这是人性的一部分。

审视一下人类的六大需求，看一看哪些是重要的，你是怎样去满足这些需求的。你越了解自己受到哪些需求的驱使，就越容易改变自己，帮助自己实现自我。

（1）你在六大需求中最看重哪几个？

（2）你通过哪些方式（好的和不好的）满足需求？你是如何平衡相互冲突的需求的？

（3）你在何种程度上利用确定性的需求，去控制团队中的人员、信息和决策？在何种程度上由于你不喜欢不确定性而阻止了你去尝试新的事物？

（4）你每天是怎么面对各种不确定性的？你有没有可能被吸引到“救火”之中，或者陷到冲突里，因为这会让你感觉到兴奋？

（5）你在工作中是如何应对重要的需求的？你的内心是否有一种强烈的冲动和渴望，把它当作赢得认可和赢得尊重的一种方式？你是否有时在同他人的对话中，显得一副高高在上的样子，或者轻视他人？

（6）你在何种程度上总是通过寻求某种工作方式，来满足你对于人际关系的需求的？对你来说，被看作团队的领导者和被团队接受是否很重要？

（7）你是如何利用你的职业来满足个人的成长需求的？你是否看重为社会、为大众做出贡献？

（8）你为什么要成为一名领导者，这样做是如何满足你的需求的？

当我把人类的六大需求应用于我自己时，我开始明白它们是如何激发我的激情的。为什么我喜欢做培训、做咨询、做教练、做演讲和写作？那是因为这些事情可以完美地满足我对确定性、多样性、重要性、人际关系、个人成长及做出贡献的需求。但是事情并非向来如此。有一段时间我感觉自己的工作非常辛苦，既要讲课，又要写作和管理公司，虽然客户、读者反映良好，但我自己感觉不到满足。那时候我正在研究和学习 ICF 国际教练课程，突然间我发现了一种方式，让自己跟自己进行更深层次的沟通，探询和挖掘工作背后的目的和意义，搞清楚自己到底想要什么。最后我发现所做的一切是一个极有价值、极有意义的事业，不仅能成就自己，还能成就他人、成就企业、成就社会。我的使命是，致力于为企业培养受人尊敬的领导者、被人信任的领导者，这是一个多么充满魔力的事业呀。我做培训、做演讲、写书、翻译书、发表专题文章，已经开始进入一个良性的循环，不仅自己受益、客户受益，而且有更多的曝光机会和来自客户与同行的尊重，这些对我而言，确实是比金钱更重要的激励。

2.13.5 第五大挑战：领导力的“阴”与“阳”

有些管理者在领导团队方面并不一定胜任。他们大多是从一线业务或技术线上提拔上来的，他们是业务专家、技术专家，但他们并不太懂得团队管理。他们常常喜欢凡事亲力亲为，成就感也都建立在做事的层面，而不是培养和打造团队。他们不知道、也不理解，自从他们被提拔到领导岗位上以后，他们的工作重心应该发生变化。他们的绩效并不以他们个人的成就多少为评价标准，而更多的是以团队的绩效为标准。杰克·韦尔奇曾说，一个人在成为管理者之前，绩效只与其个人有关；一个人一旦成为一名管理者，他的绩效便只与团队有关。

搞技术出身的人都有一个特点，往往以事情为导向，关注的是如何把工作完成，而且往往会非常具体地示范或指示下属，让他们用自己擅长的方式去做事情。他们总是专注于工作能够按照计划完成，但遗憾的是，他们并没有很好地理解自己的角色，并没有帮助团队成员完成他们的任务。他们不明白人性的复杂性，他们认为只要目标清晰、计划明确，人们就应该把工作做好。但人是复杂的，带领一个团队从来都不会那么简单。

领导者的领导方式对团队的绩效会产生直接的、重大的影响。领导力并非只是用人所长、倾听他人和激励他人。领导力关乎如何让下属和团队在工作中有最佳的表现。领导者需要明白，一方面，他们要服务他人，进行充分的授权，达成团队的目标；另一方面，他们也必须使用授责的方式，敢于指挥他人，让团队对绩效负责。前者更多的是放手，后者更多的是管控。这两种领导风格都是需要的。

1. “阴”与“阳”型领导者的特征

我们借用中国传统文化中的阴阳学说，可以把领导力分为“阴”和“阳”两个方面。“阴”象征着女性的特征，如倾听、支持、教练与保持稳定。这是在建立高绩效团队时至关重要的素质与能力，特别是当人们在团队内还不那么自信的时候。高绩效团队的领导者一般都非常善于利用这一支持性的“阴”的元素来构建团队的信心，发展缺失的技能。他们鼓励合作，并且为团队成员提供一个安全的共事环境，让他们自己找到问题的解决方案。支持性的“阴”型领导者对人性有很深的了解，而且对人性有一种深深的敬意，总想搞清楚是什么驱动和激发了每个人。他们经常花时间与人做面对面的沟通，支持他们的成长和发展。他们擅长在团队成员工作任务完成时给予表扬，并且经常询问人们需要什么样的帮助。“阴”型领导者在乎和关注的是如何帮助他人达成目标与绩效，让其充分发挥作用，为团队做出最大的贡献。

“阴”型领导者通常表现出如下一些特征：

- 倾听，支持，教练。
- 提供安全感与稳定性。
- 提升下属的自信心。
- 具有同理心。

“阳”型领导者通常表现出如下一些特征：

- 具有挑战性。
- 强调的是目标与责任。
- 追求结果。
- 具有攻击性。

如果领导者只使用“阴”型的领导方式，不具备强势一点的“阳”，那么他们就会面临一种风险，让人感觉有点软弱，虽然很友善、很支持他人，但是可能得不到应有的结果。领导者的使命不是要做一个好人，而是要服务客户，要为团队培养优秀的人才，要为组织的持续发展担负责任。

“阳”象征着男性的特征，具有挑战性、高要求，凡事讲究事实和数据。领导力“阳”的一面表现为领导者有很强的方向感。他们是以行动为导向的，关注结果；他们会提出挑战性的问题，让人们承担责任，并有可能让人感觉很强势、有一种压迫感；他们坚定而自信，总是推动团队尽一切努力要把事情做到最好，凡事都要卓越。

如果领导者阳气过剩，只有少量的“阴”，会给团队成员一种紧张感和压迫感。他们要求往往很多、很高，却不给团队成员安全感和做事需要的空间；他们脾气急躁，如果对结果不满就会指责和批评；他们遇到绩效糟糕者往往会不耐烦，而不是花时间去帮助这些人，提升他们的技能和信心。

2. 如何正确地使用“阴”和“阳”型领导力

高绩效的领导者往往集“阴”“阳”二者于一身。一方面，他们为团队成员提供各方面的支持，让他人自我领导；另一方面，他们也会不断地提出要求，驱动结果的达成。“阴”“阳”如何结合，结合到什么程度，就是领导力的艺术所在。作为一名高绩效的团队领导者，我们发现，即使强硬的领导者也会关心人、关心客户、关心团队。他们在做决定时，会邀请可能受到影响的相关人士参与，让他们提出问题，鼓励和激发大家的创造性。他们知道，只关注团队的任务是不够的，还必须关注人的情感，这样才会取得最终的成功。

有意思的是，领导者对于“阴”和“阳”往往有自己的偏好，他们可能发展不均衡，甚至有一些问题，导致团队成员要么感觉压力过大，要么感觉太过宽松。团队需要两方面的动态拉伸，同时领导者需要调节好它们之间的平衡。领导力不是“要么这样，要么那样”，而是“既要这样，也要那样”。领导者必须能够把授权与授责、宽松与严格、灵活与死板、支持与挑战这些相互对立的要求有机地平衡与统一起来。

根据阴阳之说，阴阳两极之间既相互对立又和谐统一，是事物存在的根本。领导力的多样性就在于寻求对立中的统一，以满足当下各种特定任务的需要。实施因人而异、因时而异、因事而异的高效情境领导是关键。只要情境需要，我们就要采取相应的方式，而不是教条地应用某种自己喜欢的方式去面对工作中的挑战。领导者的领导方式越多样化，就越能够取得成功。

如何正确地使用“阴”和“阳”型的领导力？下面这些问题可以用于自检：

（1）你对团队中的每个人的关注程度如何？是否理解他们每个人的需求？

（2）你在“阴”与“阳”的平衡方面做得如何？你更倾向于命令还是支持？

（3）你在向人提出疑难问题时、在督促人们交付结果时，内心是感到坦然，还是有一些忐忑？

（4）你如何在工作中应用“阴”与“阳”提升团队的参与度与敬业度？

2.13.6 第六大挑战：高效情境领导，如何既不领导不足，又不领导过度

领导力有两个极端：一个是领导不足；另一个是领导过度。

如何避免这样的问题呢？美国的密西根大学领导力研究中心在 20 世纪曾做过一个著名的研究，将领导行为分为关系导向和工作导向两个维度。关系导向（或称员工导向）的领导者更多关注的是人，对下属友善，能够体贴下属，并且帮助下属发展。而工作导向的领导者则强调业绩的达成及工作的完成，关注的是事，而对人的关注不够。由此，形成一个四方格的领导者风格分类，如图 2-12 所示。

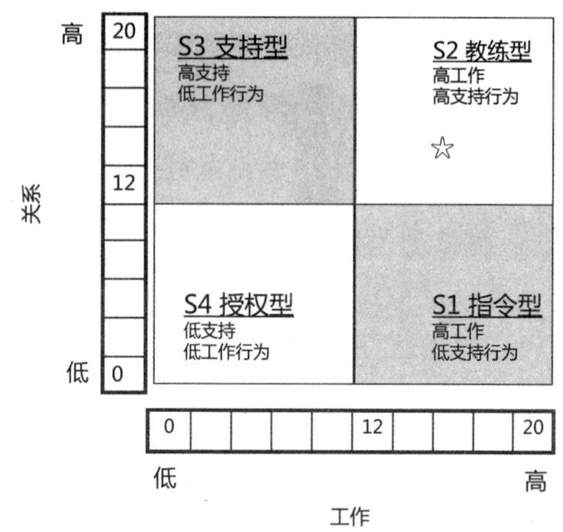

图 2-12　领导者的四种风格

- 第一种 S1 型是指令型的领导者。他们的特征是只关注事情和任务的完成，不关注人的情绪与感受。
- 第二种 S2 型是教练型的领导者。他们的特征是不仅关注事，同时也关注人。他们是一种操心的人，参与度高，在管人和管事两个方面都做得比较多。
- 第三种 S3 型是支持型的领导者。他们的特征是只关注人，不关注事。他们就像部队里的教导员。
- 第四种 S4 型是授权型的领导者。他们的特征是既不关注事，也不关注人。他们倾向于下放权力，也下放责任。

如果问这四种不同类型的领导者哪种更好？单就领导风格而言，无所谓好坏。他们各有优点，也各有缺点。当谈到更好的领导风格的时候，我们还得考虑下属的情境（下属的发展阶段）。我们通过横坐标为能力，纵坐标为意愿，可以把下属分为四类，如图 2-13 所示。

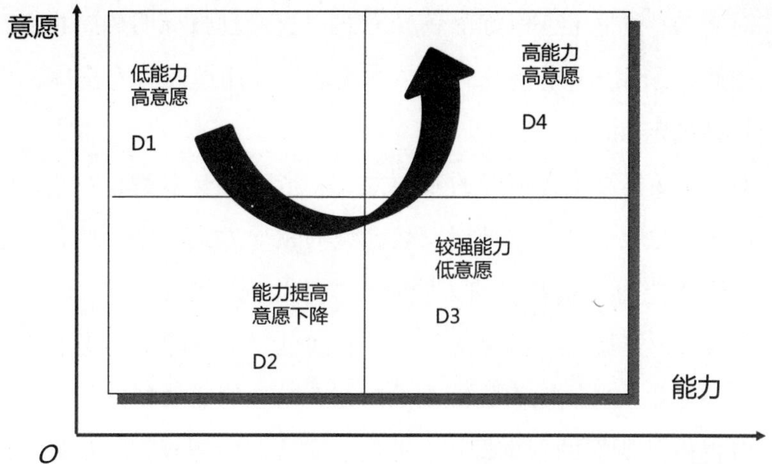

图 2-13　员工的四个分类

- 第一类，即 D1 类，是指那些低能力、高意愿的人，如新毕业的大学生与新员工。
- 第二类，即 D2 类，是指那些经过一段时间后，能力有所提升，但意愿却下降了的人。通常一个人加入一个团队或组织都会经历这样的历程。刚开始进入一家新公司时，满怀理想与梦想。但进入后，发现公司并不如当初期望得那么好、那么完美，于是一些人选择了离开，另一些人选择了留下来，但激情和意愿度都有所降低。
- 第三类，即 D3 类，是指那些留下来的人，在公司经过三五年的锻炼和磨合，不仅能力得到了进一步的提升，而且对公司的文化、机制与流程等也有了认同感，但还没有成为团队的核心骨干或领导者，有时候心态好，有时候心态坏。
- 第四类，即 D4 类，是指那些在公司已经工作了 5~8 年的人，经过长期的磨合和锻炼，能力得到了极大的提升，对公司的认同度也很高了，成为岗位上的核心人才与团队的领导者。

针对上述不同发展阶段的四类人才，如何实施因人而异的情境领导呢？

- 对于 D1 类员工，最好的领导方式，当然是目标明确、指示清楚，因此，采用 S1 指令型的领导方式最好，让他们有安全感，可以感觉到确定性。
- 对于 D2 类员工，最好的领导方式，当然是要多关心一些，既要关心事，也要关心人。此时，教练型的领导方式更好一些，让他们感觉到在能力上是胜任的，同时对未来也充满信心。
- 对于 D3 类员工，因为其能力没有问题，基本能胜任当下的岗位工作，因此，当他们面临困难的时候，当他们需要帮助的时候，领导者提供其所需的帮助即可，此时，支持型的领导方式最好，让他们感觉到被关怀和被支持。
- 对于 D4 类员工，因为他们在能力和态度方面都已不存在问题，因此，对待这些人授权型的领导方式最好，给他们独立自主的空间，让他们放手去干事业，给他们以成就感。

反过来，设想一下这种场景，如果用 S1 指令型的领导方式去领导一个 D4 类员工，会发生什么？S1 指令型的领导者的口头禅是“请你跟我这样做”，D4 类员工一定感觉不好，会认为领导者不信任自己，管得太多、太细。这就叫领导过度，产生的作用，毫无疑问，就是负激励。

再设想另一种场景，如果用 S4 授权型的领导方式去领导一个 D1 类员工，如新毕业的大学生，又会发生什么？S4 授权型的领导者的口头禅是“我相信你，你放手去做吧！你能把工作做好”。这个 D1 类新毕业的大学生可能一脸茫然。这是典型的领导不足，产生的作用，毫无疑问，也是负激励。

因此，在工作中需要避免两个极端，既不要领导过度，也不要领导不足。基于人、基于事的不同发展阶段，实施高效的情境领导，能产生高绩效。高绩效是领导出来的，这句话一点也不过分。

2.13.7 第七大挑战：如何从管控到服务，做一名仆人式领导者

中国自古以来，“官本位”的影响比较深远，从某些开会、吃饭、照相的场景中，多少都能看出一些端倪。权力型领导者和仆人式领导者，是两种特色鲜明的典型，做一个仆人式领导者，并不是一件容易的事情。

仆人式领导者的本质是，先成为他人的仆人，再成为他人的领导者。仆人式领导者置服务于自我之上，支持和帮助人们完成他们的工作。领导者的主要职责是满足和服务团队，包括倾听他人、鼓励他人、支持他人、激励他人、教练他人，甚至做啦啦队长。仆人式领导者是鼓励者、沟通者、教练者和激励者。

领导者如何践行仆人式领导呢？

从领导者角色出发，仆人式领导者要扮演三种角色：第一，领导者是被领导者的仆人；第二，领导者是组织的仆人；第三，领导者是社会的仆人。

从素质与能力的角度出发，仆人式领导力可以用下面的公式来表达：

仆人式领导力=仆人心态+仆人式领导技能+服务他人

打一个比喻，一个仆人式领导者就像一个牧羊人，尽管照顾羊群不是一件容易的事，常常需要在恶劣的天气和环境下牧羊，有时羊还离群走失，但牧羊人不会抱怨，他知道他的使命就是牧好羊、照顾好羊。仆人式领导者和下属之间的关系也像这样。

仆人式领导力的思想最初来源于西方，有很深的宗教背景。在马太福音中，耶稣对门徒说：你们知道，外邦人有君王为主治理他们，有大臣操权管束他们。只是在你们中间不可这样。你们中间，谁愿为大，就必做你们的佣人；谁愿为首，就必做众人的仆人。正如人子来，不是要受人的服

侍，乃是要服侍人，并且要舍命，做多人的赎价。在福音书中记载，耶稣曾经主动为门徒洗脚，洗完后他还对门徒说：你们明白你们所能做的吗？你们称我“师傅”“主”，说得正好，我原来就是。为主、为师傅的，给你们洗脚，你们也该彼此洗脚。我给你们树立了榜样，你们也照我给你们所做的去做。你们如果这样做，才是有福的！

可见，作为仆人式领导者，耶稣服侍他人不仅源于其服务之心和谦恭之心，同时还因为他想让他的信徒同样具有仆人式领导者之心。另外，还有一段故事：当耶稣来到彼得前准备给他洗脚时，西门觉得很不好意思，“主！你给我洗脚吗？”耶稣对他说：“我所做的你现在还不明白，但以后你会明白的。”彼得还是觉得愧不敢当，“不！你永远不可以给我洗脚！”耶稣回答说：“我若不洗你的脚，你就与我无关了！”彼得于是说：“若是这样，主呀！请你不但洗我的脚，头和手也一齐洗吧！”耶稣则说：“凡洗过澡的人，只要把脚一洗，全身就干净了！”耶稣的言行举止，耶稣的仆人式领导理念，影响深远。

在企业中，践行仆人式领导，将有助于提倡真正以客户为中心的思想。在星巴克内部，信奉着这样一个商业信条：星巴克不是卖咖啡的，而是卖服务的。正是这样的信条，让星巴克的商业理念更加客户导向和服务导向。在华为，任正非倡导的一个理念——要脸对着客户，屁股对着老板，也是仆人式领导的一种体现。

案例

在一家著名的工程公司，为了解决跨部门之间的沟通与协作的问题，决定成立一个项目管理办公室（Project Management Office, PMO），期望把公司的所有项目都管起来。公司原来的组织结构是典型的职能型结构，权力集中在各分院、所和专业部门。当公司成立这样一个新的部门后，PMO被赋予了很大的权力，其定位是管控，期望进行端到端的全方位整合，需要各分院、所和专业部门报送各种各样的项目信息，进行项目审核与审批，以及各种考核。PMO 确实拥有权力，但管理的效果不尽人意。俗话说，哪里有压迫，哪里就有反抗。当 PMO 用权力强制要求下属部门配合的时候，人们总是找出各种理由、各种借口，要么阳奉阴违，要么应付了事。导致 PMO 的运行一直处于一种冲突和无价值的状态，不仅不能为公司提供有效的价值，反倒增加了不少冲突和额外的工作量。

于是，PMO 改变策略，改变自己的定位，由权力中心转变为服务支持中心，为各成员单位提供项目管理专业支持和服务，例如，项目经理人的培养、项目管理的流程和机制的设计、项目绩效的评价，以及信息服务。当管控让位于服务，当命令让位于支持，原来那些不配合、不支持的成员单位都主动请求 PMO 帮助，主动到 PMO 那儿寻找信息，因为 PMO 提供的培训、流程模板都是为它们服务的，是它们所需要的，是帮助它们创造价值的。当成员单位得到了好处，PMO 的工作开展得也顺利起来，地位不断提升，人们越来越离不开 PMO 的支持和服务了。

在一个不确定的时代，领导者不是万能的，不可能样样精通，也不可能事事亲为。先服务，后领导。通过仆人式领导，能够让领导者更好地领导和影响他人，特别是在转型变革的时候。

Transformational Leadership

第 3 章

战略转型，如何从领导到战略

领导者的职责最终是对团队与组织的绩效负责。这个世界变化如此迅速且无处不在，我们甚至发明了一个新词“VUCA”，用来描述我们这个时代的特征。这个词最早由美国陆军学院提出，鲍勃·约翰森（Bob Johansen）在《领导者决定未来》（*Leaders Make the Future*）（2012 年出版）一书中使用这个词从而让它流行起来。VUCA 描绘了一个易变的（Volatility）、不确定的（Uncertainty）、复杂的（Complexity）和模糊的（Ambiguity）世界。今天的领导者必须能够在这样的一个世界中快速地思考、快速地行动和发挥影响力。时代呼唤战略型的领导者，需要领导者具有战略领导力！

什么是战略领导力呢？战略领导力包括两个方面的内涵：第一，在事的层面，领导者参与组织的战略制定流程；第二，在人的层面，领导者与人互动，让团队达成共识，做出战略决策，采取战略行动，确保战略执行与落地。战略领导力期望达成三个目标：一是战略引领，二是战略协同，三是战略承诺。战略领导和战略设计的区别，打一个比喻，战略设计就是制作出一幅挂在将军作战室的作战地图，而战略领导则是将军们指挥作战，随机应变，激发将士血战疆场，直至最后夺取战争的胜利。战略领导力是战略设计与战略领导的综合素质与能力。

我们正生活在一个社会多媒体的时代、一个数字化的社会，每个人的知识和能量将被新的技术极大地放大，每个人的作用和智慧能够更好地被开发和利用，一种去中心化的、分布式的领导方式正成为一种不可逆转的潮流与趋势。让组织中更多的人参与战略领导的工作，承担战略领导的责任，更好地领导和影响组织持续、健康地发展，成为企业竞争力的一个重要组成部分。我们期望领导者能够带领组织和团队，不断创造高绩效，不仅解决组织当下的生存问题，还要解决组织未来的持续发展问题，把组织不断带向繁荣和进步。因此，这样的领导者，就必须具备一种能力，将组织转型为一个学习型的组织，让组织更具有适应性、灵活性和坚韧性，能够适应外部环境的各种变化。

要想深刻理解战略领导力，有必要理解以下两点：

- 战略领导力与领导力不同。
- 战略领导力不等同于战略。

3.1 战略领导力与领导力不同

有领导力不一定有战略领导力。一位领导给下属安排一个项目任务，时间紧、任务重，领导者通过沟通、反馈、辅导和激励的方式，帮助下属克服困难，赋能下属解决问题，让下属在实践中学习和成长，最终按时、按质、按量交付项目成果。这是领导者有领导力的表现，也是领导的结果，但这不一定是战略领导力。战略领导力的核心是要保障战略绩效，产生的影响更大、范围更广、时间更久，往往会引发组织的重大变革。

案例

2004 年，联想的发展陷入瓶颈。在严峻的现实前面，联想选择了一招险棋，实施了一次蛇吞象的惊险收购——以 12.5 亿美元的代价收购了 IBM 的 PC 业务。联想一下子从一家国内的企业跃升为年收入超过百亿美元的跨国公司，成为继戴尔、惠普之后的世界第三大 PC 厂商。10 年以后的 2014 年，联想又以 23 亿美元的代价收购了 IBMX86 架构服务器业务，这几乎是 2004 年联想购买 PC 业务价格的两倍，由此奠定了联想在 PC 业务领域国际霸主的地位。

事实上，联想当年收购 IBM 的业务很多人都不看好，包括很多业内专业人士。联想为什么要冒着巨大的风险，收购 IBM 的 PC 业务呢？

让我们回顾一下当时的背景。在 20 世纪 90 年代，联想在中国 PC 市场独领风骚。但随着中国市场的开放、戴尔等 PC 国际厂商的进入，联想的 PC 业务盛极而衰，风光不再，当时 20%的国内市场占有率已近极致，增长从何而来，成为一个困扰联想人的难题。

联想也曾尝试过在 PC 以外另觅天地，尝试产业链多元化，前端、后台、社会信息服务等无所不包。但是，表面上风光一时的多元化战略，并未能为联想带来实实在在的发展业绩，联想的多元化转型也只能虎头蛇尾地于无奈之中悻悻收场。联想高管团队重新审时度势以后，不得不再一次回归 PC 主营业务。

对于联想而言，国内的市场已无太大的发展空间，连续恶性的价格战已经将 PC 行业的利润率压得越来越低，如果想在 PC 业务上获得更大的发展空间，攫取新的利润增长点，走出国门势在必行。在收购 IBM 的 PC 业务之前，联想只有大约 3%的收入来自国外，而且主要是东南亚国家。如果想充分打入欧美市场，仅靠一己之力，树立品牌，打通渠道，无疑困难重重。而并购 IBM PC 业务，第一，可以借助 IBM 的品牌提升联想的国际地位和形象；第二，可以获得 IBM 的研发和技术优势；第三，借助 IBM 的渠道和销售体系，在一定程度上为联想的国际化铺设好道路；第四，可以更好地学习国际先进的管理经验和市场运作能力。这对于一心想走国际化路线的联想而言，绝对是个成功的战略举措，而这些靠的就是柳传志、杨元庆和高管团队的战略眼光、战略魄力和战略勇气，这就是他们的战略领导力。

3.2 战略领导力不等同于战略

战略领导力不是战略设计或战略规划。如果你在网上搜索，你会发现许多关于战略的书籍，真可谓汗牛充栋。关于战略的定义各式各样，关于战略设计和战略规划的方法与流程也流派繁杂，它们具有如下几个方面的特征：

- 战略是一种选择与放弃的权衡，什么都想要，什么都是重点，是一种没有战略的表现。例如，京东选择做自有物流，而阿里巴巴则选择第三方的菜鸟；安利选择的是直销的模式，而奥迪、奔驰和宝马则选择的是经销商渠道模式；戴尔和联想都是以 PC 业务为主，戴尔选择的是直销，而联想选择的则是渠道分销。
- 战略设计或战略规划有一套流程可以应用。最经典的战略规划流程就是麦肯锡的 7S 模型。此外，还有著名的安索夫五步战略规划流程，即外部分析→内部分析→制定战略目标→制定战略举措→执行推动，我们也把它叫作战略规划五步曲。美国创新领导力中心还有一个非常实用的战略规划六步流程，包括：①内外部环境分析；②使命、愿景设立；③发现和找到达成战略的关键驱动要素；④创建商业战略；⑤设计领导力战略；⑥执行、实施与学习。这六个步骤并不是一个单向的直线进程，而是一个循环关系。
- 战略设计与规划的最终产出是一套规划方案。找一家咨询公司做一个战略咨询项目，咨询公司最后留下的就是一套厚厚的几百页的 PPT。有人调侃说，其实要不了那么多 PPT，就战略本身而言，几页 PPT 也就足够了，杰克·韦尔奇就设计了一套五页 PPT 的战略规划模板。
- 战略涉及多个要素。例如，麦肯锡的 7S 模型就是由 7 个以 S 开头的英文单词组成的，也是战略的 7 个核心要素，它们分别是结构（Structure）、制度（System）、风格（Style）、员工（Staff）、技能（Skill）、战略（Strategy）和共同的价值观（Shared Values）。
- 战略规划应该包括战略设计与战略执行两个部分。华为的业务领先模型 BLM 就是一个榜样，我们将在后面的章节中展开论述。

3.3 战略型领导者面临的四大挑战

如何成为一名战略型领导者？这不是一件容易的事情。领导者有很多，但属于战略型领导者的很少。战略型领导者的使命就是要具备战略思考、战略行动和战略影响的能力，帮助组织在不确定的环境里，在混沌的世界中，在冲突的利益格局下，找到机会与方向，抓住外部市场变化的机会，确定新的业务增长点，确保组织持续发展，提升团队的凝聚力与战斗力，最终达成组织的使命与愿景目标。所有这一切，都是对战略型领导者的考验。

战略型领导者面临的挑战有很多，其中有四项最为关键，它们分别是调和两仪、跨界领导、引领变革和塑造文化。下面，我们分别进行详细阐述。

3.3.1 第一项挑战：调和两仪

中国道家有一种思想，叫作“太极生两仪，两仪生四象”，两仪指的就是阴阳。战略型领导者能够摒弃非此即彼的思维方式，不仅能在矛盾中看到对立，而且能在对立中看到统一，能够恰到好处、有机地协调和处理它们相互之间的冲突和矛盾，服务于共同的目标。

调和两仪是一种辩证思维，是平衡的艺术与科学。它要利用两股相互对立而又相互依赖的力量，服务于共同的目标。这是一项核心能力，特别是对那些期望拥有战略领导力的组织和个人来讲都至关重要。大多数人在处理问题的时候，在思维上往往采用二分法，要么对，要么错；要么白，要么黑，非此即彼，做着二选一的决策。在企业中我们看到太多这样的决策和冲突，在高管团队中也有太多这样的意见和声音，例如：

- “我们要提升战略思维。”“我们要提升执行力。”
- “我们要注重结果导向。”“我们要加强过程导向。”
- “我们要客户导向，客户是我们的衣食父母。”“我们要员工导向，想要微笑的客户，先要有微笑的员工。”
- “我们要加强集团管控，发挥集团优势。”“我们应该分权、授权，提升组织活力。”
- “我们要强化流程与制度，提升运营效率。”“我们要提倡创新，鼓励人们敢于试错。”
- “期望你们能够做好工作计划，必须想好了才行动，要尽量规避风险。”“我们正处在一个学习的阶段，需要用敏捷的方式，采用迭代的方法，一步一步逼近需求。”
- “企业不能只考虑短期收益，必须持续、健康地发展，才有意义。”“我们必须完成今年的年度计划，不能考虑太久远的事情，那些都是不确定的。”
- “战略是一个从上至下的过程。”“战略应该从下至上。”
- “我们的战略必须基于公司内部现有的资源和优劣势。”“我们的战略必须基于外部的客户和市场的需求。”
- “我们的年度计划目标必须具有可行性，一定要做好资源匹配。”“我们的年度计划目标必须要有创新精神，敢想才能敢干。”
- “我们必须聚焦，要专业化，不要把资源浪费在非战略机会上。”“我们必须集思广益，勇于进取，开发新的产品与市场。”
- “我们要忘记过去，一切向前看。”“我们不能忘记过去，忘记过去就是背叛，一定要吸取历史的经验与教训。”
- “我们要加强管理，强调规范与纪律。”“我们要提升领导力，强调个性和激励。”

上面这些话，听起来是不是很熟悉？这是一种典型的二分思维法，是一种“要么……要么……”的思维方式，而不是辩证思维。辩证思维是一种“既要……也要……”的思维方式，因为我们知道，对立的两极都需要发扬光大，而不一定非此即彼。如果我们只强调一方，只重视一面，而轻视另一方，损害另一面，就会像跷跷板一样，一方翘起来以后，另一方就会倒下去，处于一种顾此失彼的非平衡状态。从组织发展的角度出发，处理好这些矛盾与冲突是战略领导力的关键所在。

其中，如何处理短期与长期利益的矛盾就是一个典型。很显然，这两者之间很难达到平衡，尤其是那些每天处在投资人显微镜观察之下的上市公司。上市公司的领导者既有来自投资者的短期业绩压力，即公司的财务报表必须“好看”，又要考虑公司长期的生存与发展。不是说短期成功不重要，也不能说长期发展不重要，当一家公司过多地关注短期成功而忽视长期发展时，如不做长线的技术储备，最终必将自食其果。

案例

阿梅里奥于 2006 年加入联想，成为联想在收购 IBM 的 PC 业务之后的第二任 CEO。在加入联想之前，他在戴尔公司担任高级副总裁，并兼任亚太区及日本业务总裁，是一个经验非常丰富的、典型的职业经理人。联想要想从国际上找一位合适的 CEO 并不容易，这其中不仅仅是花钱的问题。

2005 年，阿梅里奥开始执掌联想担任 CEO，杨元庆担任董事长，柳传志挂职董事，刘军是公司的首席运营官（COO）。刘军与阿梅里奥在很多方面格格不入：刘军从长远角度考虑，制定了一个“拐大弯”的长期转型战略，而阿梅里奥则期望在五年任期之内拿出一份漂亮的成绩单，期望迅速搞定一切。

联想收购 IBM，押宝国际化，当时不得不聘用外籍 CEO。在聘用阿梅里奥之后，联想很大程度上就与阿梅里奥绑定在一起，管理层不断向阿梅里奥做出妥协。2006 年，刘军卸任联想集团 COO，停职留薪，去哈佛大学、斯坦福进修 EMBA。事实上，这也是一次妥协。

毫无疑问，联想为妥协付出了代价。2004 年，联想拥有 30 亿美元的净现金储备，阿梅里奥来到联想之后，陆续启动了多起海外收购，期望以此迅速打开国际市场。到 2007 年年底，联想的现金流就只剩下 10 亿美元。

阿梅里奥加盟后，确实发挥了很多重要作用，无论是 IBM 的 PC 业务扭亏，还是对全球业务、供应链的整合。2007—2008 财年，联想净利润达到 4.48 亿美元，并首次进入世界 500 强。但这背后隐藏了危机，阿梅里奥的很多决策都是为了其五年任期内的表现，一些经营策略并不符合联想的长远需求。2008—2009 财年，联想遭遇严重亏损，一季度亏损 1 亿美元，四季度亏损 2.6 亿美元，并且跌出世界 500 强。

2009 年 2 月，联想无奈中不得不做出调整，柳传志重出江湖，阿梅里奥离职，杨元庆出任 CEO。非常有意思的是，在这一年的集团控股年会上，柳传志在讲话中强调了“主人翁精神”。当时联想老一辈的人几乎都在，包括已经跟联想没有多少关系的神州数码的 CEO 郭为。在会议上，柳传志回顾了联想收购 IBM 之后的痛苦、妥协、挣扎及自己的复出，他说：“联想不需要职业经理人，有些人注定不会成为联想的核心高管，我们需要一个有主人翁精神的人。”

事后，在评述阿梅里奥的离职事件时，柳传志和杨元庆都在不同场合表达了同样的观点：金融危机爆发后，我们看起来是因为业绩不好而炒掉前任 CEO 的，但实际上这只是一个导火索。真正的原因是这位 CEO 太“职业”了，也就是说，他并没有把自己当作企业的主人来经营联想，而仅仅把自己定位为“职业经理人”，他是因为没有主人翁意识才被“炒鱿鱼”的。不难理解，“职业经理人”是靠职位吃饭的，他们只有几年的任期，对当期的业绩和报表最为敏感，对短期的利润关注自然会多一些，对长期的投资发展当然关注会少一点。

对于矛盾与冲突，如何发挥两仪思维，任正非有一个著名的灰度理论。这是任正非在华为解决了无数个痛苦矛盾后总结出来的。

任正非早在 2003 年就指出："任何黑的、白的观点都是容易鼓动人心的，而我们恰恰不需要黑的，或白的，我们需要的是灰色的观点，在黑白之间寻求平衡。"他还说："一个清晰方向，是在混沌中产生的，是从灰度中脱颖而出的。方向是随时间与空间而变的，它常常又会变得不清晰，并不是非白即黑、非此即彼。"把握灰色的度，是一件很难的事情，需要领导者的智慧与能力。把握灰度需要的不是技术，也不是科学，而是艺术，是领导的艺术。灰度管理理论也不是放之四海而皆准的，不能"灰度"一切。"以客户为中心，以奋斗者为本，长期坚持艰苦奋斗"不能"灰度"；"厚积薄发，压强原则"不能"灰度"；"自我批判，保持熵减"不能"灰度"；"力出一孔，利出一孔"也不能"灰度"。对人讲灰度，对事讲科学、讲流程。所以灰度理论更多的是关于人的领导艺术。

灰度的本质，就是要求人们时刻怀着开放的心态，用动态的眼光去认知事物，勇于面对不确定因素，在均衡—失衡—再均衡的过程中，不断寻找平衡的那个点，把握平衡的方向，使得组织各相关方在不同利益诉求上达到一种最佳平衡状态，这是很高境界的领导艺术。

任正非的灰度理论是在实践中提炼出来的，是他在经历无数的痛苦、无数的挣扎和无数的碰壁后才明白的道理。他说："想起蹉跎了的岁月，才觉得怎么会这么幼稚可笑，一点都不明白开放、妥协和灰度呢？"

腾讯的马化腾在 2012 年 7 月 9 日的腾讯合作伙伴大会上，专门做了一个《灰度法则的七个维度》的演讲。

我很尊敬的企业家前辈任正非也曾经从这个角度有深入思考，并且写过《管理的灰度》。他所提倡的灰度，主要是内部管理上的妥协和宽容。但是我想，在互联网时代，产品创新和企业管理的灰度更意味着时刻保持灵活性，时刻贴近千变万化的用户需求，并随趋势潮流而变。那么，怎样找到最恰当的灰度，而不是在错误的道路上越跑越远？如何既能保持企业的正常有效运转，又让创新有一个灵活的环境；既让创新不被扼杀，又不会走进创新的死胡同？这就需要我们在快速变化中找到最合适的平衡点。互联网是一个开放交融、瞬息万变的大生态，企业作为互联网生态里面的物种，需要像自然界的生物一样，各个方面都具有与生态系统汇接、和谐、共生的特性。从生态的角度观察思考，我把十四年来腾讯的内在转变和经验得失总结为创造生物型组织的“灰度法则”，这个法则具体包括七个维度，分别是需求度、速度、灵活度、冗余度、开放协作度、创新度和进化度。

任正非和马化腾都正领导着世界一流的企业，他们一方面极其重视西方的科学管理，另一方面又特别强调灰度思想。普通人追求安全感，高手拥抱不确定性；不成熟的追求黑白，“老司机”则研究灰度。科学与艺术是战略型领导者需要修炼的两个重要方面。

3.3.2 第二项挑战：跨界领导

同行学习是革新，跨行学习是革命。今天的传统企业必须学习互联网运营模式，让自己的传统业务能够连接上互联网，利用互联网新技术，构建线上和线下双平台，做好产品、服务和销售。传统企业还必须学习互联网的思维，用一种全新的视角，重新审视市场、客户、产品与服务。用一个时髦的术语，叫作重新定义。在这个移动互联网的时代，所有的事情都值得重新定义。为什么？因为互联网、大数据、云计算等新技术，不仅帮助我们提升了物资流、信息流和资金流，还极大地改变了我们的时空观，重构了客户需求与客户体验。互联网在很多方面颠覆了传统的 4P 与 4C

营销理论。

传统的营销模式是从产品出发，分析潜在客户，然后通过各种渠道去找到客户、说服客户，把产品卖给客户。所以，企业一般都会有市场部和销售部，市场部负责广告、促销，吸引目标客户；销售部负责把产品卖出去，或直销，或通过渠道。这是典型的传统企业的销售模式，先做产品，有了产品再出去找人。但是，现在的互联网企业反其道而行之，先把一堆人圈起来，圈好之后再看这些人需要什么，然后再把东西卖给他们。腾讯用 QQ 和微信把人圈起来，人圈好后有了流量，商业模式就简单了，喜欢玩游戏的就推游戏给你，想交友的就建群，只要有了客户流量，腾讯就可以推出各式各样的“杀手级”应用。人们形象地说，躺着就能收钱，如微信支付。所以，互联网的思维方式和营销模式与传统的有非常大的不同。

当年国美和苏宁非常厉害，它们的电器商城里各种家用电器应有尽有，同类产品各大品牌齐全，基本上到了苏宁和国美就能实现一站式购物。所以当时国美和苏宁的商业模式是扩张，到处建网点、建分店，谁的门店多、谁的地盘大，谁的市值就高。但是京东的出现，彻底颠覆了国美和苏宁。它通过网络实现了商品展示空间、地域不受限，并且自建物流，将竞争对手远远甩在身后。

如何向互联网转型，如何跨界学习？总结下来有以下三条。

1. 要了解互联网的新技术、新规则

无论用互联网还是不用互联网，做企业的目的只有一个，就是要把产品卖出去，满足顾客的需求。互联网转型改变了人和人的关系、人和物的关系。其在本质上，就是构建企业的数字化能力，包括数据处理能力、数字化管理能力、数字化经营能力和数字化生产能力，如新零售、新金融、新供应链。互联网转型是要对传统企业的整个生产价值链用互联网的技术

进行改造。所谓价值链，就是企业通过业务活动全过程，一步一步增加价值，实现价值创造。

2. 要摆脱原有成功模式的束缚

数码相机最早是柯达发明的，但是柯达担心数码相机会伤害已有的主业产品，所以故意把数码相机的发明藏了起来。企业越成功、越大，越不容易接受新事物，因为新事物可能意味着颠覆过去的成功。哈佛商学院教授克里斯坦森写了一本书叫《创新者的窘境》，他在书中讲道："在大企业中，对原有的系统已经投入了大笔的资源，于是企业很难彻底割舍原有的模式，往日的成绩就成了接触新世界的绊脚石。"什么意思呢？用克里斯坦森的话讲，这就叫路径依赖，就是躺着挣钱的时候，叫你站起来挣钱，你是不愿意的。为什么很多企业很难转型？其实就是被过去的成功模式所"绑架"。这是一个巨大的陷阱。

3. 要用"互联网+"的思维，重新审视和思考企业的产品、服务及商业模式

在 2014 年互联网最热的时候，小米的雷军提出了七字口诀——专注、极致、口碑、快，这是小米手机的成功之道。在此基础上，有人把互联网思维总结为七大思维，它们分别是：

（1）用户思维。你是谁不重要，关键是用户认为你是谁！一切以客户为中心，以客户的需求为导向，是互联网创新和发展的内在基因。为什么今日头条能打败新浪和百度？不是因为它的新闻更多、更好、更快和更专业，而是用户模式不一样。新浪和百度是客户通过搜索引擎寻找自己需要的信息，而今日头条则是根据系统的大数据，了解客户的偏好后，向客户精准地推送客户所需要或感兴趣的信息。一个主动，一个被动，二者的差别就是这么大。

（2）**产品思维**。抛弃专家思维，从用户的角度设计产品，以客户体验最佳化为最终目的。1997 年苹果公司接近破产，乔布斯回归苹果，砍掉了 70%的产品线，2007 年推出了第一款 iPhone 手机，摈弃所有键盘，只留一个按键，让苹果大获成功，一举成为全世界市值最高的公司。

（3）**迭代思维**。天下武功，唯快不破。号称“最适合中国人”的小米手机系统 MIUI，正是因为积极与用户互动，保持一周一次更新的速度，获得粉丝的追捧。京东坚持做自有物流，哪怕投资巨大、长期亏损，也是为了一个“快”字，如今“当天送达”成为京东的独特竞争优势。

（4）**流量思维**。流量即金钱，流量即入口。360 最开始做杀毒软件的时候，采用了免费模式，给整个杀毒软件市场来了个大搅局。360 在积聚了大量的客户后，开始拓展浏览器市场，通过广告等增值服务实现盈利。腾讯通过 QQ 和微信社交平台，拥有 10 亿量级的流量资源，成为互联网的霸主。阿里巴巴通过淘宝，锁定了千万个中小客户，从而创造了阿里巴巴神话。

（5）**社交思维**。眼睛向外，利用外部资源，借助社会群体力量，像唐太宗李世民那样，让“天下英雄尽入吾彀中”。维基百科成立不到两年，通过众包、众筹的协作方式，打造了全球最大的百科全书，总登记用户数超过三千多万人，让拥有悠久历史的大英百科全书自叹不如。这是一个“人才可以不为我所有，但是人才可以为我所用”的时代。

（6）**大数据思维**。数据是一种宝贵的资产，可以创造商业价值。以广发银行为例，广发银行通过大数据挖掘，可以更好地进行风险识别和风险管理，减少银行的风险；通过大数据的挖掘，可以更好地进行客户管理，为客户提供个性化的服务。京东通过大数据能够动态适时地跟踪商品的销售态势，知道什么商品畅销，什么商品滞销，从而精准地做好货品的库存管理。

（7）平台思维。打造一个平台，形成一个多主体的合作共赢的生态圈，学会利用现有的资源，打造一个长长的价值链。例如，小米不仅卖手机，还同众多的外围厂商一起构建了一条生态链，从扫地机器人、排插、护眼灯、音箱、马桶盖、电饭煲、剃须刀到电动牙刷……只有你想不到的，没有小米不卖的。如今的竞争，不是一家公司同另一家公司的竞争，而是一条价值链同另一条价值链的竞争，通过构建平台，打造一条强壮的价值链，实现共赢。

3.3.3 第三项挑战：引领变革

企业为什么要变革，要转型、创新和升级？一是来自内部发展的需要，企业必须不断突破增长的魔咒；二是来自外部竞争的压力，不被外部市场与竞争对手所淘汰。

管理哲学之父、英国管理学家查尔斯·汉迪在《第二曲线》一书中指出："任何一条增长曲线都会滑过增长抛物线的顶点，持续增长的秘密是在第一条曲线消失之前开始一条新的 S 曲线。"事实上，一切事物的增长都逃离不开 S 形曲线的规律，对于企业的发展而言，这就有一点儿像打油井，在收获一口油井的同时，千万不要忘了寻找第二口油井，否则在第一口油井资源开发完毕的时候，就是企业死亡之时，企业发展的连续性也会从此中断。第一口油井，我们把它叫作第一 S 曲线；第二口油井，我们把它叫作第二 S 曲线。企业从第一曲线跨越到第二曲线，是企业持续发展的根本。引领这样的变革，是企业战略型领导者的使命。

任何一个产品都是有生命周期的，比如，移动通信技术从 2G、3G、4G 到 5G，都是不以人的意志为转移的，是技术进步和发展的必然结果。

在 2G 时代，摩托罗拉是霸主，一部大哥大手机可以卖三万多元，因为那时只有摩托罗拉能够做出大哥大；在 3G 时代，诺基亚是行业翘楚，在全球市场连续 14 年成为行业第一，华为手机那时才刚刚起步；到了 4G 时代，诺基亚的功能机退出舞台，以苹果和三星为代表的智能机开始大放异彩；今天的 5G 时代，群雄逐鹿，华为、小米开始登上世界舞台，竞争异常激烈。那么，6G 呢？8G 呢？现在的苹果、三星、华为和小米到时候是不是还在呢？它们会不会像摩托罗拉和诺基亚一样被颠覆呢？我们不知道，但我们确切知道的是，历史有时候总是惊人的相似，前浪不断被拍死在沙滩上。

企业受困于产品的生命周期，难免会跟产品一样，也有自己的兴衰周期。因此，企业如何变革，如何转型、创新和升级，是对领导者的终极考验。在企业转型变革的大潮中，有一些企业成功了，赢得了战役的胜利；有一些企业失败了，从此退出了历史的舞台。它们为什么成功，又为什么失败？一幕幕活生生的历史，会让我们对企业变革有更深的认知。下面我们选取两组企业进行对比研究，一组是作为双寡头的柯达和富士胶片，另一组是电信领域的两家巨无霸企业摩托罗拉和诺基亚，它们都曾经是世界 500 强，但最后一个转型成功，另一个转型失败。

让我们看一看柯达为什么会破产。柯达不缺产品，不缺技术，不缺品牌，不缺资金，不缺人才，也不缺管理，为什么会失败？柯达到底是因为来自外部颠覆式的技术创新，彻底改变了传统的胶片行业，还是因为内部骄傲自满的情绪，导致转型变革不力？无论是哪种情况，柯达至少可以给我们一个启示：没有企业可以高枕无忧，无论你过去做得多么好，都可能被颠覆。打败你，与你无关。这也正应验了张泉灵的那句话：“时代抛弃你时，连一声再见都不会说。”

1. 从柯达与富士的转型中能学到什么

案例

“60 后”“70 后”“80 后”的人一说到柯达这个品牌，就能想起满大街的冲印店，那里藏着不少他们对自己、对家人、对同学、对朋友美好的回忆。柯达胶卷留给我们的是几代人无数精彩的瞬间和青春的记忆，谁的家里没有几本厚厚的相册？但“90 后”“00 后”的人对这个名字却有一点陌生，他们对其也没有任何的情感联系。柯达消失了！

回顾柯达的发展史，早期的柯达很有创新精神。它除了在相机产品本身有惊人创新，还创造了一个类似今天互联网公司都在玩的商业模式，即免费模式。自 1964 年，柯达推出的“拍立得”自动相机定价很低，8 种机型中最低的 13 美元，一半在 50 美元以下，而且柯达还将自己历经十年的研究技术成果公布于众，所有厂商都可以生产“拍立得”自动相机。柯达背后的商业意图是胶卷的生产和冲印，因为在胶卷和冲印上柯达可以获得丰厚的垄断利润，相机这一产品只不过是一个“勾引”工具。柯达的这一战略大获成功，几乎垄断了整个冲印市场。在 20 世纪接下来的日子里，柯达可以说发展得顺风顺水，不断有新技术和新产品推出，而且都取得了非常不错的成绩。1997 年 2 月，柯达市值更是达到了 310 亿美元的巅峰，要知道，当时的这个市值，可是能与今日的苹果公司相比的，风光无限。

但好景不长，跟大多数公司一样，柯达在新技术的发展中遇到了挑战。互联网时代来了，数码相机出现了，这可是一个全新的物种，它不用胶片。但具有讽刺意味的是，柯达最先发明了数码相机。1975 年，柯达相机工程师 Steven J. Sasson 开发出了世界上第一台数码相机，当时柯达公司高层看过这台数码相机之后对他说：“这个东西看起来不错，但是千万不要和别人提起它。”

当然，在既得利益面前，在绝对垄断传统胶片业务的情况下，决策者很难做出自我革命的选择。放弃数码相机的战略选择，直接导致了柯达接下来在数码市场的失败。你不做，不代表别人也不会做。这个时候，索尼、佳能、三星等一批厂商利用最新的数码技术，弯道超车，快速地推进数码相机的发展，使其无论在成本还是在质量方面，都一步步赶超传统的照相技术。

在 2000 年左右，随着数码相机的不断涌现，传统的胶片相机产量逐渐递减，到 2003 年就已经完全被数码相机超越。虽然 2004 年柯达停止销售胶片相机，开始向数码相机转型，而且在 2005 年，柯达数码相机在美国市场夺冠，盈利高达 57 亿美元，但柯达的数码业务严重压缩了自身的胶片业务，出现了内耗，自己的左手与右手相互博弈，导致公司内部矛盾重重。此外，雪上加霜的是，手机等电子产品的智能照相功能的出现，又严重打击了数码相机的市场，成了压垮骆驼的最后一根稻草，直接导致柯达销售年年下滑。最终，2012 年，柯达不得不向法院申请破产保护。至此，柯达彻底消失在人们的视线中。

柯达的成功，是源于变化，是自身的创新把笨拙、烦琐的照相机变得更加轻巧、简单，围绕这个点，一路狂奔，成为 20 世纪相机界的最大赢家，垄断了市场；柯达的失败，也是源于变化，自己没有跟上技术与市场的变化，沉迷在昔日的辉煌之中，以致错失时机，最终跟不上这个时代的发展。

如果没有柯达做对比，富士的转型成功似乎就显得没有那么精彩了。柯达和富士同处一个时代，同处一个行业，而且是业内争霸的双雄，富士又是凭什么逃过一劫，最终转型成功的呢？

案例

创立于 1934 年的富士公司，其前身是日本的一家“胶卷试验所”，通过自己不断地努力，成功地把日本照相胶片从本土做到了全球，业绩随之飙升，到了 20 世纪 60 年代，销售额已经达到 270 亿日元。那个时候，全球第一的柯达公司的销售额是 4 000 亿日元，是富士的 15 倍。

作为后来者，富士一直致力于开发新技术。到了 1976 年，富士发明的高感度彩色胶卷 F-Ⅱ400 在技术上第一次超越了竞争对手柯达。2000 年，富士在日本的市场份额达到 70%，营业收入高达 1.44 万亿日元。

然而，高光之际也往往蕴藏着危机。也就是在这一年，富士胶片同柯达一样遭遇了来自数码技术的极大挑战，胶片的市场需求锐减。此后，胶片市场以每年 20%~30%的降幅迅速萎缩。富士的感光材料业务在四五年时间内就出现巨亏，胶片业务收缩至当初的 1/4。

传统胶片没有做错什么，只是时代变了，全新的数码技术正在替代传统的照相技术。技术的变化，是不以人的意志为转移的。但面对数码新技术的冲击，富士与柯达的命运截然不同，柯达 2012 年宣告破产，而富士则在危机面前成功进行了“二次创业”，获得了新生。富士是怎么做的呢？

富士重新崛起的转折点，开始于集团的新 CEO 古森重隆上任。古森重隆在 2003 年担任公司 CEO 以后，面对新技术冲击的困难局面，展开大刀阔斧的改革。他没有迷恋胶片业务过去的辉煌，清晰地认知到了危机的到来和未来发展的大趋势，下定决心壮士断腕，大幅裁员 5 000 人，走上了“二次创业”的转型之路。

在古森重隆的精心设计下，通过分析现有技术和市场及新技术和新市场，即现有技术/现有市场、新技术/现有市场、现有技术/新市场和新技术/新市场，制定了一个极具远见的“四象限战略”。富士最终做出的抉择是，一方面，依托既有技术，开发新市场，选择在生物医药、化妆品、高性能材料等成长性较大的领域进行投资；另一方面，开发新技术和新产品，在数码影像行业、光学元器件行业、高性能材料行业、印刷行业、文件处理行业、医疗生命科学行业等拓展市场。比如，富士旗下的化妆品品牌艾诗缇所运用的技术就是利用公司的既有技术和看家本领——胶原蛋白技术（胶片主要原料）、纳米技术和抗氧化技术，一举成功。

此外，富士还成功地将精细化工方面的合成能力及纳米技术投入抗流感、抗癌等生物制药的研发中，开发出一系列新药，包括抗病毒和阿尔茨海默药、医用内窥镜、彩超机等诸多产品，也大获成功，成为行业的中坚力量。

为了加快多元化转型，富士还采取不断并购和扩张的战略。在 2006—2012 年，富士一共进行了 13 起并购，大多集中在医疗健康器械领域。此外，富士不惜砸重金，并购了约 40 家医药企业，想通过大规模的并购，掌握更多的核心技术，为未来的发展奠定基础，形成行业竞争力。

在不断涉足更多领域后，经过十年奋战，富士终于成为一家多元化的技术导向型的创新企业。也正是富士的自我革新，2018 年富士销售总额达到 219 亿美元，营业利润大幅增加 70%。富士依靠破釜沉舟和壮士断腕的决心，勇敢地走出了自己的舒适区，面对新挑战，坚定地转型，从传统的胶片业务，依托既有的核心技术，成功地开拓化工和医药领域，走出了“危险的山谷”，实现逆袭。

富士的传奇，是一部教科书式的创新管理案例。而柯达与富士，不仅差在危机意识和战略决断上，更差在战略思维、战略行动和战略影响方面。一步选错，步步皆错。

从这两家企业的案例我们可以看到，企业无论如何优秀，都不能只顾埋头拉车，还要抬头看路，不断研究外部市场与环境的变化，特别是新技术的冲击。当一项新技术出现的时候，当新的弄潮儿诞生的时候，我们不能视而不见，不能习惯于待在自己的舒适区里，依旧经营着自己的一亩三分田。当颠覆来临的时候，守是守不住的，唯有更快地转型和更坚决地变革，才会赢得新的生存机会。

2. 从摩托罗拉和诺基亚的转型中能学到什么

上面讲的是柯达和富士这一对难兄难弟的故事，下面我们再来看一看另一组，摩托罗拉和诺基亚的转型。为什么诺基亚转型成功了，而摩托罗拉失败了？

不是电信和 IT 圈子内的人，一般不是特别清楚这两家公司的业务。摩托罗拉和诺基亚都有两个核心业务，一个是手机，另一个是网络。此外，它们还有众多其他的业务，规模也不小，如摩托罗拉就有半导体和无线对讲机业务。今天摩托罗拉的品牌事实上还存在，还保持着最后一块业务——无线对讲机，中国业务还继续在北京望京的原摩托罗拉大厦办公，那里留有我的很多美好回忆。十多年过去了，一些离开摩托罗拉的人每年还会定期聚会，一起回顾在摩托罗拉的时光，没有人说摩托罗拉不好，这才是真正伟大的公司应有的样子。公司可以不久存，但口碑会永流传。

摩托罗拉在 2010 年首先出售了网络部分业务，以 12 亿美元的价格卖给了诺西公司。诺西公司是由当年诺基亚和西门子两家公司网络业务合并组成的，最终形成了一家名叫“诺西摩”的新公司，以便更好地与中国的华为和中兴公司竞争。有意思的是，一家公司打不赢华为，三家公司合并起来也未能形成合力。2011 年，摩托罗拉又以 125 亿美元的价格把自己最大的一块蛋糕——手机业务卖给了谷歌。谷歌业务没做好，又以 29 亿美元的价格把摩托罗拉手机卖给了联想。当然，联想并没有捡到什么大便宜，因为这时的摩托罗拉的手机与品牌已成明日黄花。有意思的是，摩托罗拉是首先卖出了网络业务，后面接着卖出了手机业务的；而诺基亚则正好与之相反，是先将手机业务卖给了微软，保留了规模较小的网络业务，先后合并了西门子网络和阿尔卡特·朗讯，最终发展成与华为、爱立信三足鼎立的电信网络巨头。

案例

摩托罗拉最辉煌的一个时代，是 1969 年第一位登上月球的宇航员阿姆斯特朗说了一句极具历史意义的名言：“我的一小步，人类的一大步！”当时阿姆斯特朗的这句话就是通过摩托罗拉的设备回传到地球上的。整个世界都沸腾了！摩托罗拉也由此成为高科技公司的代名词。在阿波罗这个巨大的工程项目中，一共用了 13 个摩托罗拉的通信模块，保障了地月间的数据通信。

1973 年，摩托罗拉发明了世界上第一台移动电话，1984 年又把这种蜂窝式移动电话正式商用，推出了 DynaTAC 手机，也就是传说中的大哥大。我当年也曾经荣幸地拥有过一部大哥大，那时的兴奋与荣耀感是今天任何一部手机都比拟不了的，甚至超过了当今的豪车，因为今天大街上的豪车很多，而当年大街上的大哥大却很少。

除了在通信老本行不断地推陈出新，总裁罗伯特·高尔文还鼓励员工在不同领域创新与发明。1979 年，摩托罗拉推出 68 000 中央处理器（CPU），由于其领先同时代的 Intel 处理器大概半代，成为当时最受个人电脑和小型工作站欢迎的 CPU，并成功应用在苹果公司的第一代 Mac 机型上。20 世纪 80 年代中期，摩托罗拉还研发成功了数字信号处理器（DSP），成为当时与德州仪器 AT&T 并列的三大 DSP 供应商。这些都是了不起的成就，在每个领域都是数一数二的。

在罗伯特的经营下，摩托罗拉俨然成为当时全球最强的高科技企业，它坐拥通信设备、CPU、DSP 和手机几大核心业务，此外还发明了彩色显像管、全晶体管，以及让所有企业都佩服得五体投地的六西格玛质量管理体系。摩托罗拉不仅硬件技术一流，而且软实力也光芒万丈。

摩托罗拉后来是如何由盛而衰的？罗伯特·高尔文在位时，做得最轰动的一件事情就是加入铱星计划。铱星计划做的是人类科技史上最大胆也是最著名的通信系统之一，科技情结严重的罗伯特·高尔文把铱星计划作为摩托罗拉技术实力的象征，全力支持并强力推进铱星的项目。每个创新的背后，都有一个创新的狂人。对于一个巨大创新的工程，还需要再加上一个疯狂的老板。

1997 年，子承父业的克里斯·高尔文继承父亲的意志，继续加速推进铱星计划。铱星计划前前后后投入了 63 亿美元，这在当时是一笔巨大的风险投资，铱星系统终于从构想变成了现实—— 一个真正实现空天一体化的全球系统，这不能不说是人类的一个创举。即便在今天看来，这种星际拓扑的卫星互联通信概念仍然是先进的，也拥有很大的应用前景。据说，国内还有研究机构借用铱星思路，期望构建一个星际通信系统，名字叫作“星链网”，不过规划的时间都是按百年计的。

摩托罗拉的铱星计划梦想成真了，但后续的市场拓展失败了。铱星使用的电话机每部价格高达 3 000 美元，每分钟话费 3~8 美元，这可是 20 世纪 90 年代的价格。由于使用费用高昂，到 1999 年 4 月，整个系统只招收到 1 万个用户，距离公司 50 万个用户的目标相差甚远，公司每月的贷款利息就要 4 000 万美元。

1999 年 8 月，在拖欠了 15 亿美元贷款后，铱星公司不得不提出破产保护。在当时，摩托罗拉仍然是美国科技的象征，没有人会想到，铱星计划只是它没落的开始。

作为一个高尔文家族一手建立的企业的继承人，和父亲一样，克里斯·高尔文在摩托罗拉工作了多年，也看到了摩托罗拉的种种问题。他希望通过改革推动发展，并豪言将把公司业绩从 300 亿美元提高到 1 000 亿美元，带领公司进入下一个新纪元。只不过，冰冻三尺，非一日之寒；溃堤千里，非一蚁之功。经过了近 70 年的发展，摩托罗拉在移动通信、半导体上的成绩斐然。到了克里斯上任的 1997 年，摩托罗拉到达了一个顶峰，297 亿美元产值中 53%都是由移动电话和寻呼机等移动通信业务贡献的，21%来自半导体。正因为一路走来的积累和长期的高速发展，使得摩托罗拉上上下下对技术有着宗教般的偏执和自信，认为自己才是未来技术的预言家。在铱星计划上如此，在公司其他业务上亦如此。

早在 1994 年，摩托罗拉的高管团队做出了一个错误的研判：模拟技术向数字技术的过渡，将会是 2000 年以后的事情。于是大量研发资源被导向铱星计划。1996 年，数字通信时代全面到来，摩托罗拉还在为了“能看到天空就能打电话”的铱星系统猛烈发射卫星的时候，诺基亚已经开始推出数字通信手机。

大象转身，总是太慢，更何况是一头倔强的大象。当运营商开始大规模转向数字技术时，总是会优先向摩托罗拉询问是否有数字手机，得到的答复总是等一等。可技术发展不等人，竞争对手不等人。从 1995 年到 1999 年，模拟手机的全球市场份额从 100%骤降至 4%。到了 1998 年 10 月，诺基亚发布报告：“我们可以很确信地说：我们已经成为世界上最大的手机制造商。”

面对这些问题，克里斯·高尔文也推动了一些变革：①他在全球范围裁减 15 000 人，提出了公司的转型战略，希望把公司变为一个“快速、敏捷、轻巧、灵活”的新实体；②拥抱数字技术，所有部门的研发重心向数字倾斜；③向互联网转型，招聘了 3 000 个软件工程师，希望提供车载视频下载业务；④要提升品牌，做精品手机，集中资金和力量研发超薄手机“刀锋”，也就是著名的 RAZR V3 手机。

遗憾的是，新政还没有实行多久，2000 年，互联网泡沫破裂了。内外交困下，摩托罗拉股价从 2000 年 5 月的 60 美元一直跌到 2003 年的不足 8 美元。没有对比就没有伤害，同一时段内，诺基亚和高通的股价则逆势上涨了 500%和 1 100%。华尔街和投资者实在坐不住了，公开指责克里斯·高尔文，认为他水平有限，并且利用董事会向他施加压力。这便是资本的意志。

2003 年 9 月，克里斯·高尔文在无奈卖掉暂时亏损的半导体业务后，被迫辞去董事长一职，摩托罗拉从此告别高尔文家族企业的历史。真不敢想象，如果克里斯·高尔文没有辞职，还会发生一件大事，那就是华为会被摩托罗拉收购。克里斯·高尔文宣布辞职后，太阳微系统公司（Sun Microsystems）前任总裁艾德·詹德（Ed Zander）接过了这一位置。艾德上任后同意就收购华为继续谈判，但最终拒绝通过，理由是董事会认为，收购华为这样一个不知名的外国公司，75 万美元的价格太贵了，而且其中大部分要以现金支付。这在今天看来是多么有讽刺意义啊!有网友戏称:“要感谢摩托罗拉不杀之恩!”是的,今天的摩托罗拉早已是明日黄花,而华为却如日中天。

我们从摩托罗拉的案例中能学到什么?纵观摩托罗拉的发展与衰落,它几乎把科技公司可能犯的所有错误都犯了一遍:技术至上,忽略市场需求,不重视用户体验,各业务部门“拥兵自重”、各自为政,被资本裹挟,错过到中国发展的黄金机会……每个错误对于一家跨国消费类科技公司来说都是致命的。然而这些错误却像一剂慢性毒药,齐刷刷地一齐投向了摩托罗拉,慢慢地侵蚀着它的身体。

不是只有坏消息,也有好消息。有一点值得安慰的是,那些曾经离开摩托罗拉体系的人,有主动辞职离开的,也有被动等待直到拿完补贴离开的,似乎都过得不错,个个风生水起。半导体业务被拆分后成立了一家新的公司,名叫飞思卡尔(Freescale),成为汽车和工控领域的重要玩家,在 2015 年被恩智浦半导体有限公司收购。还有那个带满光环和充满诅咒的铱星公司,它的命运也反转了,在被一家私募公司以 2 500 万美元买下以后,竟然在 2004 年扭亏为盈,2008 年还盈利 5 400 万美元。曾经差点被收购的中国企业华为始终坚持用户第一,坚持奋斗,如今不仅成为中国企业的标杆,还走向了世界。

一切偶然中都有必然。不是我们不明白,是这个世界变化快,要想做常胜将军,要想持续健康地发展,对任何一家企业而言,都真的很难。企业如何保持危机感?一要眼睛向外,洞察来自外部环境的变化与新技术的发展;二要眼睛向内,深刻认识企业内部的发展瓶颈,避开 S 曲线的极限增长点,这就需要强有力的变革领导。这就是为什么在海尔的张瑞敏眼中,“没有成功的企业,只有时代的企业”。华为的任正非说:“十年来我天天思考的都是失败，对成功视而不见，也没有什么荣誉感、自豪感，而是危机感……我们大家要一起来想，怎样才能活下去，也许才能存活得久一些。”一个人、一家企业、一个民族、一个国家，确实需要居安思危，需要长期坚持艰苦奋斗，需要不断转型、创新和升级，需要保持高度的战略敏感性，不断应对外部环境的挑战。

案例

诺基亚有 150 年的历史，数次濒于破产边界，但转型与并购的战略让它屡屡化险为夷，重回巅峰。诺基亚品牌非常强大，手机被收购的影响也因此非常广泛，以至于诺基亚在中国杭州的总部，当员工走出大楼乘坐出租车时，总会被问到这样的问题：诺基亚不是倒闭了吗？2013 年微软收购诺基亚手机业务，在新闻发布会上，CEO 约玛·奥利拉说了一句话：“我们没有做错什么，但不知道为什么我们输了！”现场所有的人，那些为诺基亚打拼了十几、二十几年的高管和技术专家们，听完以后都不禁潸然泪下。奥利拉的那句话真实地反映了诺基亚手机—— 一个时代的宠儿，在一个不确定的时代所遭遇的不幸命运。

诺基亚曾在移动通信领域拥有众多的创新，开发了众多的新技术，包括塞班系统，毫无疑义地成为移动通信的领先者。但在 2011 年，由于坚守塞班系统（这是一个封闭的手机操作系统），再加上其他众多原因，诺基亚手机最终因为不合潮流，反被苹果和开放的安卓系统超越，丢掉了世界第一的宝座。诺基亚在弃用塞班操作系统后，开发了智能操作系统 MeeGo，这是诺基亚和英特尔合作推出的一个免费手机操作系统，但是诺基亚却没有坚持下去。随后诺基亚宣布开始第二次重大战略转型，抛弃主流的安卓操作系统，选择与微软深度合作，启用 Windows Phone 操作系统。但事与愿违，仅仅过了两年，诺基亚手机业务最终以 37.9 亿欧元（72 亿美元）的超低价格出售给了微软公司。说价格低，是因为就在两年前，摩托罗拉手机市场占有率没有诺基亚高，还以 125 亿美元的价格卖给了谷歌，而诺基亚的价格只有摩托罗拉的60%。

虽然在手机业务上失败了，但诺基亚保留了另一块核心业务，即通信设备制造和解决方案部门。2010年诺基亚西门子通信公司宣布以12亿美元的价格，全资收购了美国摩托罗拉通信公司及其全球业务，2014年又完成了对合资公司诺基亚西门子通信公司的重组，回购了西门子公司所持的50%的股份。接着，在2015年又实施了一次更大手笔的收购，宣布以166亿美元收购阿尔卡特·朗讯通信公司—— 一家法国顶级公司与一家美国顶级公司的合资企业。在购买业务的同时，诺基亚也出售了一些业务，以获取现金流，其中以28亿欧元的价格，把非主营业务Here地图卖给了德国的一家车企。经过一系列大手笔的收购和重组，诺基亚再次获得了重生。2016年公司财报显示，在全球通信设备及解决方案提供商中，华为收入751亿美元成为行业当之无愧的第一，诺基亚收入249亿美元排名第二，昔日冠军爱立信则以3亿美元之差排名第三。

诺基亚转型有成功、有失败，我们可以从中学到什么？通过诺基亚公司的案例，我们可以了解到战略选择对于一家企业的重要性。战略转型，可以铸就世界第一；相反，也可以毁掉一切。诺基亚手机帝国的崩塌，网络业务的重生，成为商学院教科书和全世界高管的经典案例。

战略意味着选择与放弃。诺基亚最为人诟病的是，因为固执，长期坚守其封闭的赛班操作系统；诺基亚之所以获得新生，是因为放弃，放弃了手机业务，转为专注网络通信设备。如何选择，如何放弃，考验的是战略智慧。从时间轴上可以看出，诺基亚遇到过数次重大的危机。第一次是在20世纪90年代初，诺基亚通过剥离不良资产，聚焦移动通信，把手机市场扩展到了全球；第二次是在2013年以后，诺基亚通过一系列的调整，出售手机业务，收购摩托罗拉和阿尔卡特·朗讯业务，全面调整20年前的发展战略，聚焦通信设备业务。正是诺基亚大胆、及时的并购战略，奠定了诺基亚今天在移动通信设备领域的地位。

企业如何转型、创新和升级，是一个永恒的话题。外部环境在变化，企业也必须随之而变。企业如果不调整战略以适应外部环境的变化，躺在功劳簿上，即使做到了世界第一，也仍然会被市场无情地抛弃。奥利拉曾在回忆录中坦陈，就像所有成功的公司一样，在最鼎盛的时期，诺基亚内部官僚作风盛行，忽视竞争对手的创新与市场需求，调整战略往往会面临巨大的阻力与挑战。

战略是选择聚焦还是多元化，是一个非常有争议的话题。本质上，是聚焦还是多元化，是一个能力问题，需要考虑你能不能掌控得了。企业在自身发展的不同阶段，或者在产业发展的不同时期，战略的定位和选择是不同的。调整战略没有不痛苦的，但正是在这个时候，需要领导者的决心和勇气及战略领导力。不仅在危机的时候，要有壮士断腕的勇气，还需要在危机之前有一双明亮的慧眼。我们总是在失败以后才想起来战略；我们更多的时候，总是以执行上的勤奋抵消战略上的懈怠。期望通过对上述案例的学习，我们能少犯一点错误，在重视执行力的同时，也重视战略洞察力，关心外在的变化，站在战略的制高点上，站在风口上，不战而屈人之兵。

3.3.4 第四项挑战：塑造文化

有的企业做着做着就黄了，有的企业做着做着就人心涣散了。潮起潮落，各领风骚三五年，这是许多企业的一个真实写照。但中国有两家企业，一家是华为，另一家是阿里巴巴，不仅盘子大、产品服务好，而且具有强大的企业文化，这与任正非与马云对企业文化的重视和着力打造有关。他们为公司注入了灵魂，塑造了独特的核心竞争力。任正非有一句名言：资源终会枯竭，唯有文化才能生生不息！企业唯有文化，才会有灵魂，才会强大，才会有凝聚力，才会持续健康发展。

都知道企业文化的价值，但现实中许多企业又都不以为然，远远没有像重视利润和收入那样重视文化，很多企业的文化只不过是老板的口号和贴在墙上的标语而已。联想的柳传志说：以身作则不是建设企业文化最好的办法，而是唯一的办法。什么叫企业文化？创始人的愿景、使命、价值观和行为方式，就是企业文化的种子。一家企业，如果老板脚踏实地、勤勤恳恳，员工也会认认真真、踏踏实实；如果老板喜欢吹大牛、说大话，那么员工也会喜欢忽悠、满嘴跑火车。原因很简单，在一个企业里，异类们找不到合适的生存土壤，不保持和老板同频、同步调，就会逐渐被清洗掉，不认同、不融入的人是不可能长期待下去的。

所谓塑造文化，就是要塑造人们的信念，重新塑造人们的行为，让人们的信念和行为发生改变。有人说，世界上最难的两件事，一是如何把别人的钱放到自己的口袋里，二是如何把自己的思想放进别人的脑袋中。在企业中，思想决定行动，行动决定结果。所以企业要想转型、变革和创新，首先就需要改变理念。这并不是一件容易的事情，因为人们可能会把真实想法埋藏在心里。因此，要想改变理念，开放很重要，领导者需要在企业内部创造出一个安全对话的环境，进行开放的、诚实的、心与心的对话。

1. 从华为身上能学到什么

案例

华为企业文化的第一次系统梳理是从《华为基本法》的确立开始的。那时的华为并不强大，但任正非就是与众不同，格外重视企业的文化与价值，认为文化是企业的长期生存之道。华为的价值观广为传诵，其中大家最熟悉的是这样三条：以客户为中心，以奋斗者为本，坚持批评和自我批评。在华为的官网上，华为的价值观一共有六条，它们分别是成就客户，艰苦奋斗，自我批判，开放进取，至诚守信，以及团队合作。

华为对其六大价值观的要义解释如下：

（1）**成就客户**。为客户服务是华为存在的唯一理由，客户需求是华为发展的原动力。我们坚持以客户为中心，快速响应客户需求，持续为客户创造长期价值，进而成就客户。为客户提供有效服务，是我们工作的方向和价值评价的标尺，成就客户就是成就我们自己。

（2）**艰苦奋斗**。我们没有任何稀缺的资源可以依赖，唯有艰苦奋斗才能赢得客户的尊重与信赖。奋斗体现在为客户创造价值的任何微小活动中，以及在劳动的准备过程中为充实、提高自己而做的努力。我们坚持以奋斗者为本，使奋斗者得到合理的回报。

（3）**自我批判**。自我批判的目的是不断进步、不断改进，而不是自我否定。只有坚持自我批判，才能倾听、扬弃和持续超越，才能更容易尊重他人和与他人合作，实现客户、公司、团队和个人的共同发展。

（4）**开放进取**。为了更好地满足客户需求，我们积极进取，勇于开拓，坚持开放与创新。任何先进的技术、产品、解决方案和业务管理，只有转化为商业成功才能产生价值。我们坚持客户需求导向，并且围绕客户需求持续创新。

（5）**至诚守信**。我们只有内心坦荡诚恳，才能言出必行，信守承诺。诚信是我们最重要的无形资产，华为坚持以诚信赢得客户。

（6）**团队合作**。胜则举杯相庆，败则拼死相救。团队合作不仅是跨文化的群体协作精神，也是打破部门墙、提升流程效率的有力保障。

华为的文化不仅是任正非写出来的，也是任正非亲身做出来的。任正非经常一个人带着助理出差，有时候甚至连助理都不带，没有一点大老板的派头。我们在媒体上看到的关于任正非在机场坐摆渡车和自己打出租车的照片，是他的常态。华为的业务遍布全球，大多数国家并不是发达大国，任正非从创业之初就保留着全球调研的习惯，行程中主要的工作是看望员工和拜访当地的合作伙伴。很多时候行程无比凶险，如去伊拉克、叙利亚，当地的合作伙伴总是再三劝说他早一点离开，怕再晚了，飞机就无法起飞了。据说经常他前脚刚走，后脚就战火纷飞。在尼泊尔和玻利维亚海拔几千米高的华为办公室看望员工的时候，他说：我若贪生怕死，何来让你们艰苦奋斗。之后又补充道：华为是没有钱的，大家不奋斗就垮了。任正非以自己的行动体现了华为的文化。

也许正因为如此，在2011年日本海啸和大地震之后，许多航班密集地从日本接回华侨和公司员工，只有华为员工乘坐空荡荡的航班奔赴日本抢修地震中损坏的设备。没有人贪生怕死，也没有人怀疑这样做的价值与意义。当时负责日本业务的阎力大回忆说，老板曾经对他说："阎力大，这个时候你们不能撤，我会去看你们的。"

高层领导者在塑造企业文化的时候扮演着极其重要的角色。如果需要对文化进行改变，高层领导者就要明确个人的信念，明确组织的使命与价值观，并且用行动坚守这些信念。如果高层领导者不能正确认识自己的角色和身份，没有展现出自己学习和成长的渴望，不愿意率先做出改变，组织的文化将不会发生改变，变革转型也很可能失败。向别人展示某种程度的脆弱性，承认自己的弱点，高层领导者们往往能够赢得人们更多的信任。赢得信任是变革的核心，也是塑造企业文化的第一步。

2. 从阿里巴巴身上能学到什么

如果说华为的文化有一点西化，那么阿里巴巴的文化则更具有中国特色。

案例

在阿里巴巴，有两件事最能体现阿里巴巴文化的特点及其中国化的味道。一件事是在阿里巴巴员工不用英文名，而是用一个花名。阿里巴巴的花名有什么特殊用意呢？原来马云从小喜欢看武侠小说，尤其喜欢看金庸先生的小说。侠客的侠骨柔情、练习武功时的投入和专注，特别是高手必须面对的各种磨难，让儿时的马云崇拜不已，浮想联翩。马云作为阿里巴巴董事会的主席，把自己叫作风清扬。风清扬是金庸武侠小说《笑傲江湖》里的人物，是金庸小说中剑术达到最高境界的高手之一，熟习“独孤九剑”。阿里巴巴的新任 CEO 张勇的花名叫逍遥子。逍遥子是金庸武侠小说《天龙八部》中的一个神秘人，是“逍遥派”的创始人或叫祖师爷，聪明绝顶，神秘莫测。据悉这逍遥子的花名与他的为人有关，阿里巴巴的高管们包括马云、蔡崇信、陆兆禧、彭蕾都有各种好玩和不好玩的故事流传，唯独张勇没有。

另一件事是阿里巴巴流行倒立文化。阿里巴巴的倒立文化可以追溯到 18 年前的那场突如其来的灾难“非典”。在 2003 年，阿里巴巴有一个员工感染了“非典”，全公司 500 多名员工不得不回到家中接受隔离。为了员工们的健康，在马云的倡导下，大家每天坚持倒立，因为这是为数不多的无须借助任何机械设备就可以完成的室内活动之一。“非典”结束后，倒立成为阿里巴巴的一个文化，每个员工每年都必须通过倒立动作的考核，就像其他业绩考核一样。瘦小而单薄的马云本人是倒立的高手，他能够单手倒立数分钟而面不改色，真功夫！

为什么要倒立？马云的解释是，因为太多的人跟我说“不可能”，淘宝的每个店小二都要学会倒立。“不要跟我说不可能”，这是倒立文化的隐喻，马云要传递的思想是：我可以做到，那么你们也完全可以。倒立锻炼的不仅是身体，更是勇气。一个人对于自己的潜能有时是不清楚的，如果他不首先想方设法去做他以为不可能完成的事情，那么他就永远也不可能超越自我，实现自己的梦想。倒立还可以让员工换一个角度看世界。因为当你倒立起来，血液涌进大脑，看世界的角度和平时完全不一样，面对问题和解决问题的时候，也就能够找到一个不可思议的新角度。文化的培养与打造，也可以游戏化，这是马云的高明之处。

在塑造企业文化的时候，如何处理企业文化与制度流程的关系，让文化落地，是企业面临的一大挑战。

文化指的是企业的一套思想理念或价值主张，往往是一些原则性的东西，体现在公司的使命、愿景和核心价值观上。例如，华为强调以客户为中心，以奋斗者为本，就是一种文化的体现。文化与制度相比，往往呈现出柔性，而制度则具有较强的刚性。但文化很容易流于形式，成为墙上的标语和口号。如何让文化落地？阿里巴巴不仅特别强调文化中价值观的作用，而且很好地把它与制度有机地统一了起来。企业在设计制度与流程时，一定要基于企业倡导的文化价值观；反过来，为了发挥文化的作用与意义，文化又必须通过企业的制度与流程去执行。从某种意义上说，不包含文化价值观的制度是僵化的，而没有制度与流程保障的文化是没有生命力的。文化与制度两者相辅相成，一个是软的，一个是硬的。软的要做硬，硬的要做软，这样文化才能执行与落地，这也是塑造文化的大智慧。

案例

阿里巴巴有一套独特的方式，把公司的文化纳入组织的绩效之中，并且进行认真的考核，考核方式独具特色。阿里巴巴的绩效评估由两部分组成，一是业绩，二是价值观，各占 50%，后者权重如此之高，在其他公司没有看到过。在考核中，价值观占 50%会不会有问题？有些能力强、业绩好的人，行为或态度可能与公司要求的不一样，特别是从国外回来的精英，这些人是否会流失？阿里巴巴坚决执行文化价值观的考核，最后发现，能够留下来的，或者说能够生存下来的，都是那些认可阿里巴巴文化价值观的人，愿意按照阿里巴巴“六脉神剑”要求做事的人（见图 3-1）。在阿里巴巴，从人才的绩效评价，到人才的选用育留，都要向“六脉神剑”靠拢。马云曾对人力资源部门下达指令：要严把招聘关，要吸引那些“和阿里的味道一样的人”。

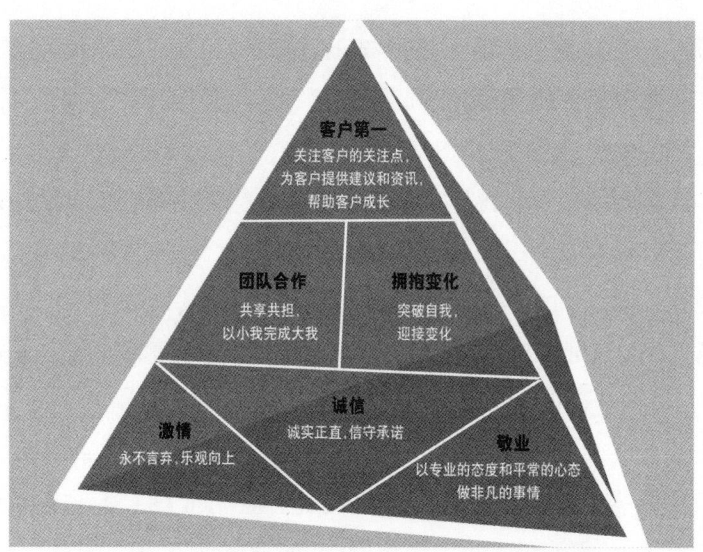

图 3-1 体现阿里巴巴文化的“六脉神剑”

文化不是通过口号喊出来的，文化是考核出来的，是通过机制和流程培养出来的。阿里巴巴通过绩效和文化价值观两个维度进行人才评价，确保价值观落地。

在阿里巴巴，员工一般被分成以下五种类型（见图 3-2）：

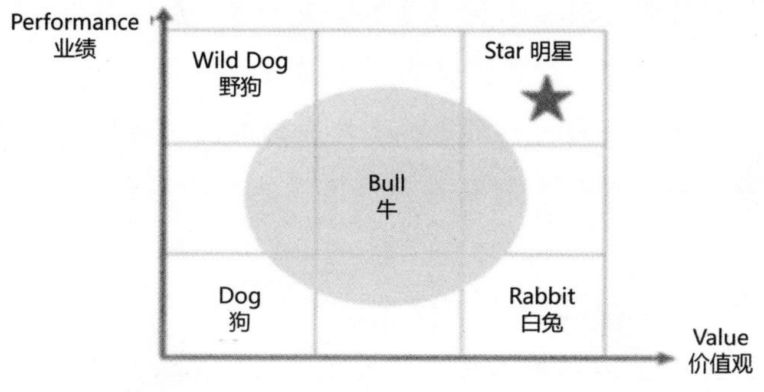

图 3-2 阿里巴巴的人才观

- 野狗：业绩优秀，但价值观不符。
- 小白兔：没有业绩的老好人。

- 明星：有业绩也有团队精神，也常被形容为“猎狗”。
- 牛：业绩一般达标，价值观基本相符。
- 狗：业绩和价值观都不达标。

阿里巴巴的绩效评估遵循强制性分布，有严格的要求，以前是2∶7∶1，现在是3∶6∶1（10人以上团队）。这种强制性的正态分布方式，在其他大公司也被广泛应用，是广受争议的绩效考核制度之一。3∶6∶1强制性分布的意思是，30%的员工可以评为优秀，10%的评为不合格，60%的评为合格。

价值观量化考核是最难的，阿里巴巴对“六脉神剑”的每条都列出了详细的五分量表，通过五分量表的方式进行量化考核（这也是考核不好量化的指标的一种非常有效的方式）。特别需要指出的是，对于4分以上和2分以下的，还要求给出具体的行为例子，以便让考核更加公平和客观（如果你对具体的考核方法感兴趣，请扫描本书扉页前的二维码，会有详细介绍）。

2019年9月10日教师节这一天，马云正式卸任，他做了最后一件大事，推出了阿里巴巴的新文化——“新六脉神剑”。

“新六脉神剑”的内核未变，但改变了表述形式，增添了更丰富的内涵，采用了独具特色的阿里土话，而且每句土话背后，都有一个真实的故事。历史是文化的一部分，能够让人不忘初心、牢记使命。采用阿里土话来表达价值观，既可以通过公司历史上的关键时刻来传递公司文化，又能够让新员工更深刻地感知和理解每条价值观的具体内涵，这也是 “阿里味儿”的传承。

“新六脉神剑”的具体内容与变化：

第一条，客户第一，员工第二，股东第三，原来的是客户第一。“新六脉神剑”在原来的基础上，更进一步、清晰和完整地表述了客户第一背后的深刻含义，明确地界定了相互的关系，这是马云对于公司、客户、员工和股东关系的深度思考的结果。马云曾说：“什么时候排出先后次序？就是在碰上危机的时候，在有冲突的时候，我们一定要把客户利益放在第一位。”

第二条，因为信任，所以简单，原来的是诚信。“因为信任，所以简单”，曾是支付宝的口号。2004 年，为了解决淘宝网上陌生买家与卖家之间的付款问题，支付宝首创“担保交易”的方式，成为中国网络交易信任的基石。此后，阿里巴巴一直致力于通过科技的力量去重构信任关系。现在将这句话明确为价值观，将其设为阿里巴巴员工为人处事的原则，简单明了，直接清晰。阿里巴巴人相信：你若复杂，世界便复杂；你若简单，世界也简单。

第三条，唯一不变的是变化，原来的是拥抱变化。“无论你变不变，世界在变，客户在变，竞争环境也在变。我们要心怀敬畏和谦卑，避免看不见、看不起、看不懂、追不上。”其中，“看不见、看不起、看不懂、追不上”，是马云的演讲词。

第四条，今天最好的表现是明天最低的要求，原来的是团队合作。2001 年，阿里巴巴 COO 李琪创造性地设计出了“金银铜牌”考核制度，B2B 销售员按当月的业绩决定提成比例，但其提成的基数要以下个月的业绩为准，由此驱动销售员不断努力，不断超越自我，不断创造奇迹，打造出一支赫赫有名的“中供铁军”。“今天最好的表现是明天最低的要求”不仅帮助当年阿里巴巴度过最困难的时期，也激励着阿里巴巴不断突破常规，用创新的方式实现高速的增长。

第五条，此时此刻，非我莫属，原来的是激情。1999 年 9 月 14 日，阿里巴巴在《钱江晚报》上发了第一条招聘广告。上面的广告语是：“If not now，when? If not me，who? ”（此时此刻，非我莫属）。它体现的是阿里巴巴人的激情和舍我其谁的担当。现在提出来，更强调每个人在剧烈变化的环境中的责任感和担当精神。

第六条，认真生活，快乐工作，原来的是敬业。这是马云的原创，包含了他对“工作与生活”这个话题的持久思考。阿里巴巴的工作节奏很快，很多人会抱怨工作与生活无法兼顾，这条价值观想强调的不是简单的时间分配，而是对工作与生活的态度：像享受生活一样快乐工作，像对待工作一样认真生活。

阿里巴巴“新六脉神剑”的诞生，伴随着不同的意见与争论。只有争论，才能让一家有着 11 万人的全球化公司更好地达成共识。这是价值观形成的必经过程。

一名战略型领导者，会面临众多的挑战，其中四个方面最具挑战性，一是调和两仪，不走极端，具有阴阳辩证思维；二是跨界领导，在跨界、跨领域中寻找创新和机会；三是引领变革，不断推动组织转型、创新和升级，这需要魄力，需要勇气，需要做出艰难的选择与放弃；四是塑造组织的文化，不断与时俱进，高管领导带头，通过软硬两种方式，软的要做硬，硬的要做软，把文化变成人们的行为和生活方式，变为组织流程与制度的一部分。应对这样的挑战，对一名战略型领导者而言，是一个不断学习和不断实践的过程，但可以肯定的是，对任何人而言，都绝不会是一段轻松的旅程。

Transformational Leadership

第 4 章

从优秀到卓越的英雄之旅

业绩的背后是团队，团队的背后是领导。企业的转型、创新和升级，依赖的是领导者的转型，从思想上、行为上和管理方式上的转型。管理者从技术到管理，从管理到领导，从领导到战略，是转型道路上的三道坎儿。我们每个人都有这样的一个开始：大学毕业后进入职场，从一件事情、一个项目、一个专业领域开始学起。学做产品、学做项目跟着师傅就可以了，假以一定的时间，只要用心，总是可以慢慢学会的，因为物的东西是有规律的、有逻辑的、有章可循的。项目管理这门学科，就是教授人们如何做事情的，它研究输入和输出，提供标准化的工具和模板，把流程固定化。一项工作任务，只要定义好输出，给予正确的输入，按照既定的工具和模板，就能很好地完成。但领导他人呢？制定战略呢？它们能这样被程序化吗？有些方面可以，有些方面不可以，不可以的方面更多。在今天这个人工智能时代，我们不怕机器像人一样思考，但我们怕人像机器一样思考。管理和领导既是科学的，也是艺术的。科学的部分可以教，但艺术的部分需要自己琢磨、刻意练习，需要时间的积累和消化，才能领悟其精神，获得其要义。这既需要人的悟性，也需要人的决心和毅力。

4.1 英雄之旅

每个人都有一个卑微的开始，每位成功人士都经历了一个英雄之旅，从一个普通人开始，在使命的召唤下，在冒险的驱使下，经过百般磨难，最终跨越层层障碍，成为一位真正的英雄。在这个世界上，没有人能够随随便便成功。

约瑟夫·坎贝尔是 20 世纪最伟大的神话学大师，他提出的“英雄之旅”模型，推动了西方流行文化的发展，众多好莱坞的导演也都运用坎贝尔的模型进行电影创作，包括《星球大战》《黑客帝国》和《蝙蝠侠》等。坎贝尔被誉为全世界众多艺术家、学者和政治家的灵魂导师。

坎贝尔的“英雄之旅”模型，是他在研究世界各地的神话的起源与规律后总结出来的。他发现任何一个英雄人物的成长，都会经历一个曲折的历程，共分为 12 个阶段（见图 4-1）：普通的世界—冒险的召唤—抗拒—遇到智者—跨越第一道坎儿—测试盟友与敌人（在黑暗中摸索）—深入洞穴（遭遇恶魔）—严峻考验—获得嘉奖—回家的路—复活—满载而归。

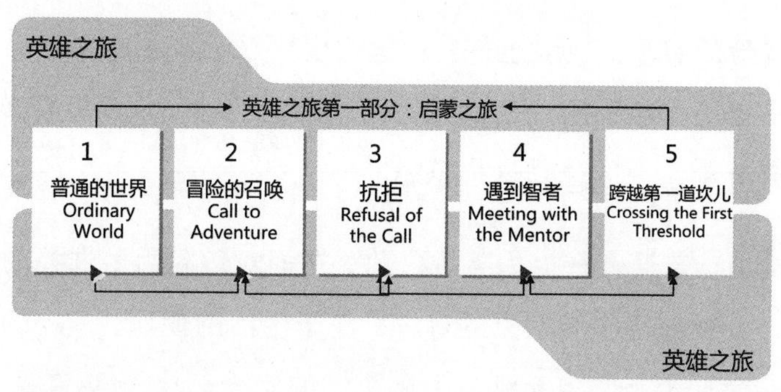

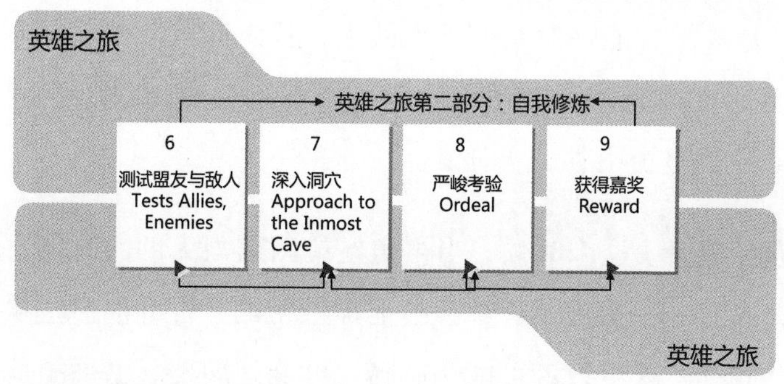

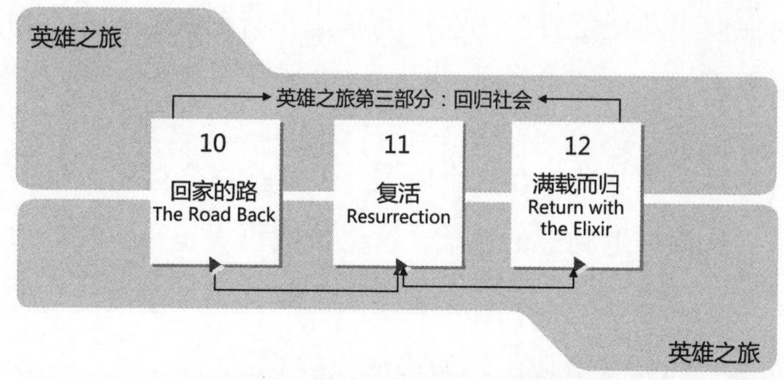

图 4-1　从优秀到卓越的英雄之旅

（1）**普通的世界**。坎贝尔在神话研究中发现一个规律，任何一个英雄，都有一个卑微的开始，最开始都生活在一个普通的世界中，过着一个普通得不能再普通的生活。他可能是一个小职员（如《变相怪杰》中的斯坦利），可能是一个小商贩（如《功夫熊猫》中的阿宝）。一个普通人成长为英雄，都会经历一些磨难，一些常人所没有经历过的苦难。

（2）**冒险的召唤**。机缘也好，命运也罢，总会有一些突发的事件，迫使普通人不得不开始冒险，这就是所谓冒险的召唤，从此开启英雄之旅。自古时势造英雄，说的也是这个意思。

（3）**抗拒**。普通人在成为英雄之前，在面对危险需要选择的时候，总是要经历一个犹豫不决和反复的过程。由于生活的惯性、内心的胆怯，总是不愿意接受这个新的、充满着不确定性的旅程。比如，《功夫熊猫》中的阿宝，只是梦想着能够打遍天下无敌手，但真正要去对抗那个邪恶的太郎的入侵的时候，却是不自信的，也是真心不愿意的，后来因为意外事件，才担负起了拯救整个山谷的重任。

（4）**遇到智者**。这个时候，当主角在最困惑与无助的时候，总会出现一个智者，或者一个贵人。智者会给他提供帮助，告诉他一些秘密，或者教给他一些技能。这个智者可能是师傅，可能是朋友，也可能是一个偶遇的外人，他促使主角坚定冒险的决心与信心，帮助其克服重重的困难，向着下一个旅程前进。

（5）**跨越第一道坎儿**。在这个阶段，主角往往会遇到人生的第一个挑战，一个过去从没有遇到过的挑战。这个挑战可大可小，但都是对主角的考验。这是第一道坎儿，之后还会有更大的坎儿，关于敌我的考验，有盟友，也有敌人，往往会遭遇生死的挑战与考验。

（6）**测试盟友与敌人**。测试盟友与敌人，其实是主角在一个未知的世界、未知的领域，在一个全新的、不确定的环境中面临的挑战，他不得不在黑暗中摸索着前行。这个过程充满着惊险和各种不确定性。有敌人，也有朋友，最终考验的是他的能力、为人、信念、价值观和使命感。人性的弱点和优点，会在这个时候显现出来。

（7）深入洞穴。在这个阶段，主角进入一个极其复杂的境地，遭遇各种险况，内心充满纠结与痛苦，一会儿反悔，一会儿又坚定，可能得到同盟者的帮助，得到智者的指引。总之，主角正是在这样的行动中，在这样的磨难里，能力不断得到提升，意志也变得越来越坚强。

（8）严峻考验。在至暗的时候，既是故事的高潮，也是冲突的巅峰，主角遭遇恶魔，面临最大的挑战，会使出浑身解数，拼尽全力，发挥出自己全部的潜能，经过惊心动魄的生死较量，最终战胜了恶魔。这个过程可能有很多变数和悲壮的故事，如智者和盟友死了，自己残了，这都是成功的代价。只有这样残酷的人生，经历生死的严峻考验，才称得上英雄！

（9）获得嘉奖。主角成功了、胜利了，得到众人的认可、应有的回报与奖励。但这不是主角的最终目的地，主角还要回归，回到他的始发地，那里还有他的初心，就像西游记中师徒四人在得到三藏真经后，最终要返回长安。

（10）回家的路。这时主角要盘算的是，如何回到当初的出发地，回到普通的世界，去拯救普通世界中的人，这个成为他的使命。但在回去的路上，并非一帆风顺，胜利从来都不是那么容易的，主角仍然要克服众多的困难与挑战，往往会有一个峰回路转的曲折过程。

（11）复活。最后的结局，故事的高潮，主角觉醒，浴火重生，成为一个传世的英雄。

（12）满载而归。经历了这样一段旅程，人生从此变得不再一样，人的精神与灵魂得到升华，目的与意义得到彰显，英雄的事迹广为传颂，英雄的形象永留人心。

坎贝尔说："我认为，对一个英雄来说，美好的生活就是一个接着一个的征途，一次又一次总是有一个声音在召唤着你，让你踏入冒险的世界，开拓全新的视野。每一次，相同的问题摆在眼前：我敢踏上征程吗？如果你敢，前方就有危险，但是在前方，也会有助你一臂之力的贵人或宝物，要么胜利，要么失败。总会有失败的可能，但也总会有胜利狂喜的机会。"这不就是人生吗？

让我们应用坎贝尔的模型来看一看中国的企业家们，是不是也经历了这样一个英雄之旅？他们经历过冒险的召唤吗？他们有过迟疑和抗拒吗？他们遇到过智者和贵人的帮助吗？他们如何跨越了第一道坎儿，又是如何与"恶魔"斗争，度过人生的至暗时刻的？

案例

1983 年，任正非还是一名铁道工程兵，在辽宁辽阳从事工程基建工作。在国家百万大军裁员的洪流中，他与其他人一样，复员转业，被分配到深圳南海石油集团（简称南油集团）后勤服务基地，在一个十几个人的小公司担任副经理，普通得不能再普通。

在这里，任正非遭遇了第一个"人生低谷"，因为倒卖电视机，没有经验被人坑骗了，导致 200 多万元货款收不回来。那时，内地城市员工的工资一个月平均不到 100 元。任正非被开除了，在大国企南油集团的铁饭碗竟然没有保住。

这一年，任正非的家庭和事业也出了状况。他的夫人在南油集团工作，他的公司是南油集团下面的一个小公司，因为货款事件，企业连年亏损，再加上父母与弟妹和自己同住产生的生活压力，最终导致家庭解体。任正非在这个时候，好像一下子跌入人生谷底，面临着一场严峻的挑战，成为他的一个至暗时刻。

为了生存，任正非于1987年集资21 000元下海经商，创立了华为公司（简称华为）。那一年，任正非42岁，一个中年男人，上有老，下有小，生活的重重压力，令他迫不得已走上了一条充满着未知和艰辛的道路。

公司创业之初，任正非凭借深圳的区域优势和自己的专长，为香港康力公司做HAX模拟交换机的代理。华为这时在深圳是一家普通得不能再普通的产品销售公司。

在卖设备的过程中，任正非看到了中国电信行业对程控交换机的巨大需求，当时的整个市场，都被摩托罗拉、西门子、诺基亚这样的跨国公司所把持。任正非在这个时候遇到了第一次召唤，考验他是否愿意冒险，开发自主品牌的产品。任正非表现出了他的胆量、智慧和商业才识，决定自己做研发，开发交换机产品。要知道，那时的华为，员工仅有50余名，要钱没钱，要人没人，要技术没技术，要品牌没品牌，但就是凭着一种“拼命三郎”的精神，硬是造出了华为历史上最早的BH-03交换机。在此基础上，华为进一步开发万门交换机。1993年任正非遇见天才少年李一男，一个华中科技大学毕业的研究生，负责万门交换机的项目，一举获得巨大的成功，成为华为早期的杀手级产品，奠定了华为发展的基础。2000年，李一男离职，带着从华为拿到的价值1 000万元的设备，北上创建了自己的公司，名叫港湾网络。公司迅速发展后，成为华为的直接对手，让任正非又一次遭遇了危机，又一次冒险在召唤。

在公司的快速发展中，面对公司出现的混乱，在痛苦中，任正非遇到了智者，传说中的人民大学六君子，帮助他创建了著名的《华为基本法》，稳定了人心。任正非从中尝到了甜头，之后又先后聘请了几乎世界上所有的顶级咨询公司为华为做咨询服务，改进公司的管理体系与流程制度，特别是IBM为华为实施的IPD产品开发流程，让华为跨越一道又一道的沟壑。从管理到产品，从财务到供应链，这其中的艰辛、纠结与痛苦，只有任正非知道，我们可以从任正非《我的父亲母亲》和《北国之春》里，感受到他背后的辛酸与不易。任正非说他在那一段时间患有严重的抑郁症。

今天，任正非又遭遇了一个更大的坎儿，美国举全国之力制裁华为，阻挠华为的发展。这是任正非的又一次冒险吗？英明的智者在哪里？如何跨过这道坎儿？如何打败洞穴深处的恶魔？这是不是上苍考验任正非的又一个冒险的召唤，是任正非的又一次英雄之旅？

4.2 领导者的四大转型

还记得金庸小说中的葵花宝典吗？要想成功，必先自宫。在这个世界上，从来没有人能随随便便成功。不仅任正非是这样的，企业的任何中高管，要想从优秀走向卓越，都需要经历自己的英雄之旅。如何转型？如何从技术到管理，从管理到领导，从领导到战略？转型的路径与方法是什么？下面给大家分享“AMBR 转型四步曲”，从关注、心态、行为和结果四个方面，帮助大家做好转型（见图 4-2）。领导力是可以学习的，转型、创新与升级也是有规律可循的。

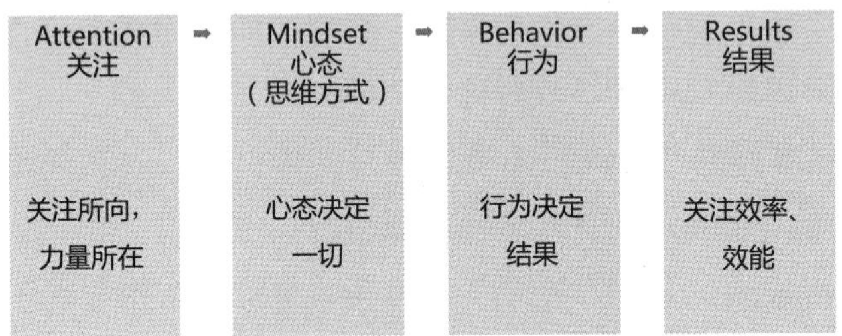

图 4-2　AMBR 转型四步曲

- 关注（Attention）。关注所向，力量所在。
- 心态（Mindset）。心态与思维方式要转变。
- 行为（Behavior）。将行为转变成习惯。
- 结果（Results）。所有的一切最终要靠“结果”说话。

4.2.1 第一个转型：转移注意力，从关注点到关注系统的认知升级

猎豹公司的 CEO 傅盛说过一句话：人和人最大的差别其实是认知。通俗一点说，就是思维方式。技术出身的人，往往是专家型领导者，长期在一种岗位上从事一种工作，让自己变得越来越专业，容易形成一种“工匠”思维。在今天这样一个巨变的时代，让自己的认知升级，从一点开始，不断拓展，形成点、线、面、体的立体思维，或者说系统思维，是领导者转型的第一个突破口。

系统思维是人们对事物的一种高级思维方式，是站在系统的角度看待问题和解决问题。其中最重要的一点，就是要认识到整体不等于局部的简单相加，不要犯盲人摸象那样的经验主义的错误。例如，项目进展不顺利，光靠加班、加点、加人、加设备，是不能从根本上解决问题的。加班越多，人越疲劳，产生的质量问题可能越多，需要投入的资源也就越多，最后导致一种恶性循环。项目进度延迟的背后，可能是项目计划没有做好，资源分配不够合理，计划变更缺乏流程，人员培训没有到位。没有系统思维的观点，只知道就进度要进度，不仅劳民伤财，最后还会竹篮打水一场空，不能真正解决问题。

人的精力总是有限的，注意力是一种宝贵资源。你的注意力在哪里，你的产出就在哪里。关注所向，力量所在。战略在本质上是一种选择，你选择什么，与你个人的认知有关。例如，有一个著名的用人难题：在组建团队的时候，是用人所长，还是补人所短？有人用木桶装水打比喻，要想多装水，当然要补短板。不难理解，一个木桶装水的多少，取决于木桶中最短的那块板的高度。这便是传统的木桶理论。此外，还有一个现代的斜木桶理论。木桶要多装水，不是补短板，而是用长板，把木桶斜过来，就可以解决问题。

关注点不同，解决问题的方式也不同。对于一个人的职业发展来讲，是专注于个人的优势发展，还是补短板呢？按照科斯的交易成本理论，市场总是会选择交易成本低的企业，淘汰交易成本高的企业，因此我们要从交易的成本角度做一些考量。如果你付出 10 分的努力，在优势和劣势方面，是否会得到一样的回报呢？所谓优势，就是那些你学得快、干得轻松、产出效率高的方面，也正是你的成本优势所在。当然，也不是说所有的短板都不要补，如果有一些短板影响了你的长板的发挥，这个时候，就需要在短板上下一些功夫，不管你是喜欢还是不喜欢。例如，考研究生，录取的最低条件是每门功课都不能低于 60 分，那么，如果数学是你的短板，无论你是否喜欢数学，为了通过考试，你都要拼命补上数学的短板，确保 60 分的达成。至于团队方面，我们的关注点仍然应该是发挥每个人的所长，通过团队中的互补作用，弥补个体的不足，形成团队的最大效能。

如何加强个人的系统思维？一个最直接的办法，就是多学习各种理论框架。理论框架是前人总结出来的规律，是一套系统方法论。比如，销售中的 4P 理论，告诉你销售工作就是要做好产品（Product）、价格（Price）、渠道（Place）和宣传（Promotion）四个方面的工作，由此你对销售工作的认知就会提升到一个高度。如果你还能进一步了解到，在 4P 理论之后还有一个更新的 4C 理论，强调的四个方面的工作是顾客（Customer）、成本（Cost）、方便（Convenient）和沟通（Communication），你是不是就可以成为半个销售专家了？从关注 4P 转变到关注 4C，是从产品稀缺时代到产品过盛时代的一个必然转型。再比如，“管理”这个词天天挂在嘴边，但要把管理讲清楚，把管理真正落地，还真不一定知道如何着手。如果你知道 PDCA，也叫戴明环，你就知道管理至少要抓计划、执行、检查和行动（纠偏）四个方面；如果你是项目管理专家，你就会进一步了解管理的执行与落地，会强调五大阶段、十大知识领域；如果你是六西格玛专家，了解 DAMIC 框架［DMAIC 指的是：定义（Define）、测量（Measure）、分析（Analyze）、改进（Improve）和控制（Control）五个阶段]，你就知道管理的改进应该从哪里开始，如何一步一步推进和执行。

4.2.2 第二个转型：改变心态，从“逼”结果到“促”结果

“逼”结果和“促”结果，虽一字之差，但心态和行为大相径庭。“逼”结果和“促”结果，它们的出发点有什么不同？一个相信人性是恶的，另一个相信人性是善的。传统的管理理论认为，人性是天生厌恶工作的并总是逃避工作责任，以追求自己的安全和安逸为目的；人们往往以自我为中心，经常缺乏解决组织问题的能力，有时缺乏理性，容易受环境影响。因此，我们在管理中，为了促使人们更加努力工作，应该采取严格的管理制度，明确每个人的任务和责任，通过指挥、控制、监督和严格绩效考核的制度，确保绩效的达成。换句话说，管理就是要以经济利益为中心，采用激励手段，使人的行为尽可能地符合组织要求。若员工的行为和工作结果与组织期望不符，就要采取严厉的惩罚制度，即“胡萝卜加大棒”的激励政策和惩罚手段。这就是经典的 X 理论的思想，它基于“经济人”的人性假设，认为人是懒惰的、厌恶工作的和逃避责任的。

与 X 理论相对应，还有一种 Y 理论。Y 理论将人性假设为人是可以喜爱工作的，也是愿意发自内心地承担责任的。美国行为科学家麦格雷戈于 1957 年在《企业中人的方面》一文中指出：人的本性是喜爱工作的，工作是人的本性的一部分。在一般情况下，人们是愿意承担责任的，是愿意发挥自己的才能和创造性的；大多数人都具有解决组织问题的能力。因此，我们在管理中，为了促使人们努力工作，应考虑工作对于员工的意义，鼓励员工参与目标的制定；以“启发和诱导”来代替“命令和服从”，用信任代替控制和监督；要重视员工的各种需要和内在激励，并且尽可能在实现组织目标的过程中予以最大的满足。这就是 Y 理论的思想。

麦格雷戈认为，传统的 X 理论的管理方式是错误的，是有缺陷的，是建立在错误的人性假设基础之上的。Y 理论认为，组织成员对工作的好恶，取决于他们所处的环境，如果组织给予积极诱导和激励，成员是愿意发挥其才智的，反之则视工作为一种痛苦。强制和惩罚虽然可以迫使组织成员完成组织目标， 但是这种方式往往不能持续。Y 理论相信，人们在自愿执行任务时，能够做好自我控制和自我指挥；人们在正常条件下能够学会承担责任，并能主动要求承担责任，而且会表现出自己的创造力、想象力和解决工作中问题的能动性。但在现实中，人的才智通常仅有一部分得到了发挥和使用。

问题反思：

你相信 X 理论，还是 Y 理论？因为相信，所以看见；因为相信，所以行动。你相信什么，你就会采用什么样的管理方式。我们要看到人性既是善的，也是恶的。人性有恶的一面，也有善的一面。因此，在管理工作中，我们要想尽一切办法，想方设法激发人性善的一面；同时，我们也要想尽一切办法，设计相关的制度与流程，扼制人性恶的一面。这是一名优秀的管理者应具备的管理思想。

“逼”结果的背后，领导者扮演的往往是指挥官、司令官的角色，总是试图给下属设定强制性的目标与任务，通过强奖惩、强评比的方式，督促下属完成工作。而新一代的员工和团队更喜欢被教授的方式、辅导的方式、娱乐的方式，期望在快乐中学习和工作。当下属态度不好或意愿不够的时候，领导者要学会激发；当下属能力不够的时候，领导者要会教授和辅导。总之，员工和团队对领导者的要求越来越高，领导者要采用一种新模式，不仅有“分”，分工、分权、分责和分利益，还要有“共”，共创、共享、共责和共成长。

4.2.3 第三个转型：改变行为方式，从“管控”到“赋能”

很多人错误地认为，管理就是控制，这其实是在延用 19 世纪古典管理学家泰勒的管理思想。如今都已经是 5G 时代了，我们的管理方式不能停留在 2G、3G 时代，不能把“泰勒时代”的管理模式用在今天的知识型员工身上。

日本“经营之圣”稻盛和夫将员工分为三种类型：自燃型、点燃型和阻燃型。自燃型是指那种无论做什么事情都很有干劲的人；点燃型是指那种需要别人点拨才能激发内在能量的人；阻燃型则是指那种无论外界如何变化都很难激发内在动力的人。一名好的领导者就是要想方设法将一名阻燃型的员工转化为点燃型甚至自燃型的员工，通过授权赋能的方式，激发他们的能动性。

未来的组织，人是一切的核心。团队与组织被重新定义了，领导力也需要被重新定义。领导者需要从管控到激发和赋能。赋能是当下互联网时代的一个热词。赋能的英文是 Enabling，Empowerment，意思是让其成为可能，赋予人们力量或能量。阿里巴巴的曾鸣曾说：未来组织最重要的功能已经越来越清楚了，那就是赋能，而不再是管理。换句话说，领导者由简单粗暴的管控到复杂多元的赋能和激发，从“胡萝卜加大棒”的“逼”结果到育人赋能的“促”结果，是一个重大的管理方式转型。传统的领导者把大部分的精力都用在了组织绩效的管理和控制上，而现代的赋能型领导者则需要把更多的精力放在关注员工的学习和成长方面。

要想成为一名赋能型的领导者，需要提升下面四个方面的能力：

（1）**变革的推动者**。要想应对外部不断变化的环境，领导者需要不断推动组织的变革，克服各种来自团队变革的阻力。例如，组织的战略设计不再像过去那样只是由上而下，还需要由下而上；战略与执行的边界不那么明确了，做战略设计的人要参与到执行中，执行的人也需要参与战略的制定；传统的先计划、后执行的方式，需要让位于边计划、边执行的敏捷方式。所有的这一切，都是变革领导的一部分。

（2）创新的进取者。领导者自己要先愿意走出舒适区，愿意接受新思想、新观点、新事物，尝试新工具、新方法、新流程。这需要领导者具有开放的胸怀和快速学习的能力，在探索新事情的过程中，不断学习和成长。领导者不仅自己要学习、要创新，还要鼓励团队学习和创新，这就需要在团队中构建一种氛围，宽容失败，正确面对失败。但是，要清楚，失败有好的失败、正常的失败和坏的失败。我们鼓励好的失败、正常的失败，但要反对和避免坏的失败。例如，违反规章制度、流程和粗心大意导致的失败，就是坏的失败，是不容许的，是要避免的；但是在探索创新中的失败、在进军未知领域时的失败，则是要鼓励的。本尼斯在《极客与怪杰》一书中写道："真正的领导者，他们不畏惧失败。实际上，他们重新构造失败，把它看作一种宝贵的教育形式。""我们发现，领导者和非领导者的一个关键区别，就是他们能转化生命中甚至负面的东西来为自己服务。对于领导者来说，逆境的用处是真正甜蜜的。"

（3）团队的凝聚者。带队伍的能力考验着领导者的领导力。领导者既需要抓绩效，也需要关注员工的发展和成长。员工不仅需要物质的激励，还需要工作的成就感和自豪感。他们渴望参与业务的决策与战略的制定，喜欢创新的工作方式与方法，期望在工作中能够释放自己的才能。在这种情况下，领导者不再是一个高高在上的指挥官，而应该是一个帮助团队学习和成长的教练、赋能者。

（4）体系的设计者。真正的高手都是有套路的。李世石会使用你不知道的定式，科比会有飘忽不定的步法上篮，而 C 罗总是能人球分过，这些都是高手制胜的法宝。套路是组织智慧的核心，是百年基业的武器。因此，领导者培养组织体系设计的能力，就成为领导者最重要的组织工作。领导者个人的成功，都不叫真正的成功。如果成功不是建立在组织能力与组织体系的基础上，成功也只能是昙花一现。组织的文化、流程、制度、规范、人才梯队、外部渠道和合作伙伴等，都是组织体系能力的一部分。所谓合作共赢、共生、共创、共责，其实都是组织能力的一部分。如今的市场之争，不是一个产品同另一个产品的竞争，而是一个体系同另一个体系的竞争；不是一家公司同一家公司的竞争，而是一个产业链同另一个产业链的竞争。只有打造体系能力，提升组织能力，才能在动荡的时代立于不败之地。

4.2.4 第四个转型：既要关注效率，也要关注效能

史蒂芬·柯维博士在《高效能人士的七个习惯》一书中，讲了一只会下金蛋的鹅的故事，强调了效率与效能的关系。

> 很久以前，有一对非常勤劳的夫妇，农夫用卖豆的钱买回来一只鹅。第二天，这只鹅竟然下了一个金蛋，农夫高兴坏了。没想到的是，第二天这只鹅又下了一个金蛋。第三天、第四天，鹅每天都会下一个金蛋。农夫从此发财了，变得越来越富有，也越来越贪婪了。有一天，农夫对妻子说：为什么鹅一天只能下一个金蛋，不能多下几个金蛋呢？于是，他们把鹅杀了，想把所有的金蛋都拿出来。但鹅的肚子里空空如也，别说金蛋了，连鹅蛋都没有。鹅没了，他们想要的金蛋也没有了。

这个故事确实发人深省。柯维博士总结说：鹅一天下一个金蛋，叫作效率（鹅如果一天下两个金蛋，效率就提升了一倍）；鹅每天都能下一个金蛋叫作效能（也就是把鹅养好，确保一年 365 天都能下金蛋）。我们不能只要效率，还要效能。一个真正聪明的人，要想获得金蛋，首先要懂得

养鹅，把鹅养好，这样鹅才能每天都下一个金蛋。这便是效率与效能的关系。可惜，有些人太过世利，不懂得养鹅，也不愿意投资于鹅的健康，一心只想要金蛋，到头来只能是竹篮打水一场空。

德鲁克在《卓有成效的管理者》一书中指出：“效率是‘以正确的方式做事’，而效能则是‘做正确的事’”。效率和效能不应偏废，但这并不意味着效率和效能具有同样的重要性。我们当然希望同时提高效率和效能，但在效率与效能无法兼得时，我们首先应着眼于效能，然后再设法提高效率。遗憾的是，无论是企业的商业行为，还是个人的工作与生活，人们关注的重点往往都是当下的效率，而忽视效能。

“正确地做事”强调的是效率，其结果是让我们更快地朝目标迈进；“做正确的事”强调的则是效能，其结果是确保我们的工作是在坚定地朝着目标前进。换句话说，效率重视的是做一件工作的最优方法，效能则重视的是长期的价值产出。

“正确地做事”与“做正确的事”有着本质的区别。“正确地做事”是以“做正确的事”为前提的，如果没有这样的前提，“正确地做事”将变得毫无意义。试想，在一个企业里，员工在生产线上按照要求生产产品，其质量、操作行为都达到了标准，他确实是在正确地做事，但是如果这个产品根本就没有用户，这就不是在做正确的事。这时无论他做事的方式、方法多么正确，其结果都是徒劳无益的。

要正确地做事，更要做正确的事，这是一种很重要的管理思想，是领导力转型的一个重要方面。任何时候，对于任何人、任何组织而言，“做正确的事”要远比“正确地做事”重要。对企业的生存和发展而言，“做正确的事”是由企业战略来决定的，“正确地做事”则属于战略执行与落地。如果做的是正确的事，即使执行中有一些偏差，也是可以纠偏的，其结果不会致命；但如果做的是错误的事情，则执行得越完美，错得越离谱，其结果对于企业来说也肯定是灾难性的。

对于一名领导者而言，如何超越短期利益，关注长远方向与战略，确保组织持续发展？德鲁克提出了八个方面的问题，供我们反思和探索：

（1）我们想要做什么？

（2）我们应该做什么？

（3）我们的行动计划是什么？

（4）谁应该对采取的决策负责？

（5）谁负责沟通协调？

（6）我们应该聚焦机会，还是问题？

（7）我们如何召开富有成效的会议？

（8）我们如何思考和解决问题，多用“我们”而不是“我”？

总之，如何做好从管理到领导的转型，我们面临的挑战很多，要从关注、心态、行为和结果四个方面做好转型，不断付出艰辛的努力。一分耕耘，一分收获。这个世界上从来没有随随便便便能成功的人。

看完这本书，并不一定能让你转型，也不能很容易地让你转型成功，成为一名战略型领导者。你不可能通过阅读一本书、按下一个键，或者做一些选择题，就成功地提升了自己的领导力。你需要培养自己的管理素养、领导力素养和战略素养。要想成为一名成功的战略型领导者，有一点像在海中冲浪，你需要高超的平衡技巧，需要在不断变化的环境中，学习和掌握不确定性背后的规律，在浪尖上跳舞，那种感觉妙不可言。但首先，你需要从基础的知识、基础的实践、基础的练习开始。任何高手都要经历10 000小时的刻意练习。著名作家格拉德威尔在《异类》一书中指出：“人们眼中的天才之所以卓越非凡，并非天资超人一等，而是付出了持续不断的努力。10 000小时的锤炼是任何人从平凡变成世界级大师的必要条件。”高手都是这样练成的，没有人能够例外。

4.3 开发你的个人领导力：十大素质与能力

许多年来，人们一直争论一个话题：领导能力能否被培养出来？我们说，领导者都是天生的，都是由父母生育出来的，这一点是肯定的；但在另一方面，领导力所涉及的远不止一个人的认知能力，领导力涉及的是活生生的人，涉及人与人之间的各式各样的关系，是一个人与人交往的社会化的过程，这方面的能力不是每个人都自然拥有的，也不可能是天生的。领导力在某种意义上是一种交际能力，是一种与他人有效互动的艺术，是需要在实践中不断精进的。事实上，我们众多的领导力培养项目，都是帮助领导者有条不紊地学习，帮助他们提升领导力的素质与能力，帮助他们提升个人领导力、团队领导力和组织领导力，最终把战略转化为有效的行为与结果。

想一想，在你个人的职业生涯中，是否正面临下面这些严峻的挑战：

- 领导一个团队：如何与他人建立密切关系，激发他人的意愿，促使他人为团队工作，积极主动，勇于承诺？
- 在一个不熟悉的业务领域工作，如被提拔或转岗：如何快速学习新业务，赢得信任，做好新团队的领导和组织工作？
- 领导一个需要各个业务部门协同配合的项目：如何在没有硬权力、不使用硬权力的情况下，有效地影响他人和交付项目成果？

- 服务于一个非营利或政府机构：如何运营一个志愿者团体，构建一个自管理、自激励的扁平组织？
- 领导一个全新的战略项目，为组织开辟一个新市场或新业务：如何面对复杂的环境，做出正确的战略决策，制定事情的优先级，推动战略的执行与落地，与时俱进？
- 在战略规划部门任职：如何构建大局观，制订组织的长期战略，拟订组织的年度经营计划，提升组织效率？
- 管理一个职能部门：如何为组织业务提供支持和服务，基于业务需要，开发职能战略，与公司的总体战略相一致？
- 管理一个事业部，对盈亏负责：如何平衡长期目标与短期目标的冲突，确保事业部长期健康地发展？

上面所有的这些挑战，对每个领导者而言都是不容易应对的，也没有现成的答案，只有你亲身实践，通过这些考验，才能从优秀走向卓越。你期望如何转型？你期望如何更快地学习和成长？你哪些方面做得好，是你拥有的优势，需要继续发扬？你哪些方面存在不足，是你的弱势，需要改进提高？下面是企业中高管领导者需要发展的十大重要素质与能力。你可以对照自己，给自己做一个诚实的评估。

（1）业务愿景：你对不同业务领域在未来的发展方向理解是否到位？你对影响组织发展的外部环境和条件了解是否专业？认知是否清晰？是否掌握行业趋势与规律？

（2）战略计划：你是否拥有制定长期战略目标的能力？你是否能把愿景目标转化成现实的业务计划和行动措施？策略设计和资源匹配是否有效？

（3）组织决策：你在及时决策方面做得如何？你能否做好组织人才的

选用育留，有效地用好人？你能否迅速地了解和“解剖”一个复杂问题，抓住问题的本质？你能有效地解决问题吗？

（4）管理冲突：你在何种程度上能够认识到每个决策都会有利益冲突，会有人赞成、有人反对？你如何平衡不同相关方的不同利益诉求？你如何平衡长期发展和短期回报的矛盾？

（5）组织行为：你在何种程度上能够理解组织中的政治环境并有效地处理组织政治？你在组织跨部门合作与沟通方面是否能够做到有效？

（6）影响力：你在激发弘扬愿景方面做得如何？你能说服和激励他人吗？你能有效地影响上级领导吗？你能有效地向下授权吗？

（7）构建合作关系：你在何种程度上知道如何构建和维持和谐的工作关系，与同事和外部伙伴一起高效合作？你的谈判和冲突处理能力如何？你能理解他人，用非职位的权力得到他人的配合吗？

（8）促进组织转型：你在何种程度上支持组织的变革？你会为组织的转型、创新和升级做一些什么事情？你如何为组织的未来发展做好准备？

（9）适应新环境：你如何应对 VUCA 的环境？你如何抓住变化中的新机会，规避不确定的危机？你如何不断产生新创意、新想法，即使在有人反对的情况下，也能引领变革，推动组织的转型？

（10）传播愿景：你在何种程度上能够正确地理解组织的愿景和目标，并且清晰地描绘出来？你如何用愿景和目标感召他人，使众人行？

思考上面这些问题，寻求他人的反馈，然后选择其中的 2～3 项作为自己的年度目标进行改进。你一定要设定一些具体的、可执行的行动措施，以提升自己的素质与能力，强化自己的卓越领导习惯行为。

行为的改变是一件痛苦的事情，它远不像参加一个培训或读一本书那么简单和轻松愉快。我在长期的实践中发现，为了支持个人的行为改变、提升个人领导力的素养，有两个强有力的机制可以帮助大家：一是定期实施 360 度领导力反馈；二是找到一个值得信任的教练，为自己提供反馈、辅导和支持。

一旦你选定其中的 2~3 项作为自己的改进目标，你就要下一点狠心，付出一些实际行动，这不仅对你所面临的领导力挑战至关重要，而且对你个人未来职业生涯的发展也很关键。在发展过程中，你应该想方设法借助外力的帮助，从其他人那里获得积极的反馈，从教练那里得到支持，让他们理解你所面临的领导力挑战，给你提出发展建议，促使你兑现承诺，观察你如何与人交往，反馈你的行为对别人产生的影响，给你绝对诚实的意见，最终帮助你走向成功。

360 度反馈测评工具有很多，领越 LPI®的 360 度评测工具是其中的一个优秀代表，这是《领导力》一书的作者库泽斯和波斯纳这两位领导力大师开发的一款成熟的领导力评测工具，有 30 多年的历史，在全球享有盛誉。至于教练，这个人可以是你的老板、你信得过的合作伙伴、你的家人、你的老师，也可以是一位专业的第三方教练。总之，任何对你感兴趣的人、对你真诚的人，都愿意倾听你的转型计划，愿意为你提出建议，愿意质询你的行动计划，愿意不厌其烦地检查你的行动计划，告诉你他们看到你做了什么，像照镜子一样给你反馈，帮助你不断改进和提高。这是一个痛苦的过程，也是一个英雄之旅。

4.4 开发你的组织领导力：战略领导力开发的六步流程

如同发展个人领导力的素质与能力一样，基于组织的战略领导力开发也有一套独特的流程。一般先要评估组织的成熟度，然后围绕组织特定的领导力挑战，有针对性地发展相应的素质与能力。

需要特别注意的是，提升组织领导力需要事先做一个精心的系统设计，要把它当作一个项目，既要考虑领导力的宽度，延伸到整个组织的重要业务板块和相关部门；也要有深度，涉及组织中的各个层级的人，新任经理人、中层管理者和高层领导者都要包括。发展战略领导力的宽度和深度，决定着组织在多大程度上能够有效地把战略愿景转化为整个组织的领导力，从战略到行动，从行动到结果。这通常需要一个综合的领导力解决方案，包括参加公开的领导力课程，定制领导力项目，以及通过行动学习的方式，把学到的知识和技能应用到真实的组织环境中。

下面是美国创新领导力中心的一个战略领导力模型，可以帮助我们进行组织领导力开发。它一共包括六个步骤：分析内外部环境，澄清使命、愿景和价值观、发现并找到关键驱动要素、创建商业战略、开发领导力战略，以及执行、实施与学习，形成一套闭环系统（见图 4-3）。

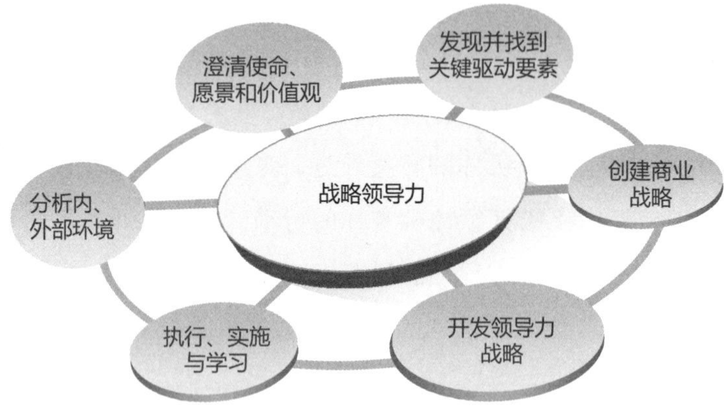

图 4-3　战略领导力开发的六步流程

1. 分析内、外部环境

战略的制定一般都是从环境分析开始的，对影响组织的内部和外部环境因素进行分析。这部分工作的价值在于环境扫描，要对未来形势做一个大致的判断，并且同团队一起达成共识，揭示组织所面临的严峻现实与挑战。对环境的分析与认知不能只存留在一个人的头脑中。团队必须对此达成共识：组织如何满足客户的新需求？我们的机会在哪里？

从外部环境看，我们必须深入了解组织所面临的行业竞争态势和区域竞争情况。例如，在一个特定区域内，经济的、政府的、社会的影响因素是什么？什么样的新技术在发挥作用？人口统计因素对所在行业的影响是什么？谁是主要的竞争对手？它们在哪些方面具有优势？是价格、质量、服务、选择的多样性，还是便捷性？我们如何破局？

从内部环境看，对于客户需求，我们如何选择，如何定位？哪些是组织的强项，哪些是组织的弱项？组织能力与客户需求的匹配度如何？如何提升我们的系统能力？我们的竞争优势和独特亮点是什么？客户满意度如何？目前商业模式的有效性和持续性如何？组织中的人员对于新业务是否在思想上有所准备？为了能够让组织转型，需要突破哪些阻碍？

2. 澄清使命、愿景和价值观

很多人有一个误区，认为战略是高度理性的，是一套逻辑体系，事实上，战略也有情感的一面。如果战略能够触及利益相关者的情感层面，它将能够发挥更大的作用。组织的业务不是一个孤立的实体，而是一个由各个不同利益相关者构成的群体，包括员工、客户、股东、管理层和社会大众，等等。组织的使命、愿景和价值观是一个组织精神层面的追求，是为利益相关者奋斗和服务的，这是组织存在的目的和意义。使命、愿景和价值观可以帮助人们理解组织为什么存在，它打算如何改变现实，以及用哪些重要理念来驱动、连接和凝聚组织中的员工与团队。

这些理想层面的内容是战略的重要组成部分，它为我们提供了一个窗口，让我们更好地了解和评估组织内外部的情况。组织的特性是什么？我们要做什么，我们不会做什么？哪些机会我们是要努力抓住的，哪些机会我们根本就不会考虑？这一切都和组织的使命、愿景和价值观有关。比如，华为不会去做房地产，并不是房地产不挣钱，而是使命驱动的缘故。组织的定位与组织的使命、愿景和价值观密切相连。澄清组织的使命、愿景和价值观，是组织领导力非常重要的一项工作。

3. 发现并找到关键驱动要素

战略制定流程中有一个特别重要的环节，就是发现并找到关键驱动要素。

战略驱动要素是指那些为数不多，但能决定组织是否拥有持续竞争优势的东西，它们也被称作竞争成功要素、关键成功要素和关键价值主张等。这些驱动要素一定会成为组织未来的投资重点，因为它们对组织的未来会产生最直接的影响。例如，分销渠道、制造能力、研究开发能力、IT 系统和客户服务水平等。组织的驱动要素可能有很多，所以必须对它们进行排序，以帮助组织认清其未来的投资重点。这样一来，驱动要素就会成为组织的一种战略选择，成为组织发展的一个驱动杠杆和制胜法宝。大多数组织的关键驱动要素一般只选择 3～5 个，具有明确的优先级。正是这些关键驱动要素，成为不同组织之间的差别所在，形成不同的竞争力。

组织必须选择出要在哪些战略驱动要素上进行投资，并且想尽办法把它做到极致。小米雷军的互联网思维七字口诀“专注、口碑、极致、快”，照样适用于传统的企业。为组织确定战略的关键驱动要素，就是要让组织保持专注，将有限的资源用于能够为组织带来最大效用和最大竞争优势的要素上。选择驱动要素的难点在于要做强制性选择。某些要素比其他要素更重要一些，在时间、精力、人力和财力等方面得到的投入更多，这自然会带来矛盾和冲突。这也正是战略领导力的工作重心之一，是挑战所在。

柯林斯在《从优秀到卓越》一书中写道，他在研究中发现，优秀和卓越的公司都有战略，但不同的是，优秀公司的战略有一点虚张声势，而卓越公司的战略总是深思熟虑的。他把他的发现总结为战略上的刺猬原理："刺猬原理并不是要拥有最好的目标、最好的战略、最好的意愿、最好的计划。它是对你如何成为'最好'的一个深思熟虑的过程。这两者的区别至关重要。"柯林斯发现的真相是，那些业绩卓越的公司之所以卓越，并不是因为"它们比其他人更聪明、更有创造力和有更高深的思想"，它们也"并不一定比我们更善于想出好点子"，而是更专注，把一个战略做到极致。简而言之，卓越企业总是能把理念和原则坚持得更加彻底。优秀是卓越的敌人，专注是成功的法宝。

4. 创建商业战略

在明确战略重点和对驱动要素达成一致后，创建商业战略就提上议事日程。商业战略是组织的业务模式，决定着组织的未来绩效。商业战略涉及各种不同的业务模式选择。例如，如果要成为一个高质量的供应商，作为组织的一个战略（质量是一个战略驱动要素），就会到处看到各种与质量相关的战略投资，例如，产品功能要高大上；生产制造要稳定可靠；客户服务要配备高素质的人员；销售团队要与客户紧密接触，等等。

另外，战略也反映在一系列的选择与放弃上。为了能够在质量上投入更多资源，组织就会有目的地减少在其他方面的投入。例如，组织意识到大规模广告投放可能无益于组织的成功，就会缩减那部分开支。这些选择自然与战略定位有关，与业务的关键驱动要素相关。

5. 开发领导力战略

领导者经常会做出一个错误的假设，认为他一旦指明一个方向，大家就会朝着这个方向前进。事实上，人们的行动并不是这样的。人们可能偏离航道，遵循自己的内心，按照自己的感觉、情绪、需求和愿望前行，这是常有的事情。当然，这常常让领导者感到困惑。为什么他们就不能执行战略呢？为什么他们就不能达成共识，按照计划行动呢？为什么战略上应该做的事情没有人做呢？

根据我们的经验，我们在制定战略的时候，对人的因素关注太少。我们要做一些什么改变？我们怎样才能激活组织，确保战略的执行与落地？组织必须像关注业务一样关注领导力。领导力战略是与如何打造组织的领导力，从而有效地推进组织的业务有关的。领导力战略要回答的是，基于组织的战略与业务定位，我们要塑造怎样的文化与之相匹配？各级领导者需要具备怎样的素质与能力？团队成员需要具备怎样的素质与能力？我们应该做些什么，培养出所需的素质与能力？

6. 执行、实施与学习

一旦组织在商业战略上明晰以后，领导者们就需要把战略转化为行动。这听上去容易，实际上很难。如何对战略达成共识？如何让团队就行动做出承诺？有限的资源如何做好投入？这里的问题一个比一个困难。一项研究发现，只有 27%的公司能把战略与战术协调好，做好相应的资源整合；58%的公司能在高层把战略和战术做到协同，整合好资源；而能在公司上下都做到协调一致的，则非常罕见。

战术上可能发生偏离，是因为组织中的成员并没有真正理解战略的意义。一种情况可能是因为战略没有重点，而另一种情况则是因为战略没有达成共识，缺乏正式的、有效的沟通流程，甚至根本就没有沟通，人们得到的有关战略的信息很不一致。华信惠悦的一份调查表明，在运作良好的组织中，67%的员工对组织的整体目标有正确的理解；而在表现差的组织中，这一比例只有 38%。研究发现，在战略沟通与共识方面，绝大多数公司都有大幅改进的空间。

上述战略领导力开发模型，对提升组织领导力具有非常重要的价值与作用。使用模型的好处是，大家可以共享一套通用的语言，拥有一套清晰的发展思路。如何让大家就战略达成共识？我们从优秀公司那里学到的最佳实践是，必须学会与团队进行战略对话。我们需要记住的是，只有正式的组织宣贯是远远不够的，领导者必须创造一种氛围与环境，让大家表达想法、提出问题，甚至争吵，最终把各方面的意见综合起来，从而真正达成思想上的统一，战略的执行与落地才有保障。

4.5 组织战略执行落地的“金三角”

战略规划是一回事，执行落地又是另一回事。领导者凭什么赢得团队的追随？凭什么登高一呼，应者云集？追随者的性格各异，利益诉求不一，凝聚人心、鼓舞大家向着团队的共同目标前进，绝不是一件容易的事情，它需要一套科学的体系支撑。

德鲁克说，现代社会中公司的命运越来越掌握在最高管理层手中。最高管理层的责任包括为整个组织设定发展方向，做计划，定战略，确立组织的价值观和原则，设计组织架构等。最高管理层最重要的任务是建立组织的独特个性。因此，必须清楚的是，领导者是通过组织的使命和战略对团队实施领导和管理的。

德鲁克还说，组织的目的是要“使平凡的人做出不平凡的事情”。能不能使平凡的人取得超出他们能力的绩效，能不能激发组织成员的长处，并且运用这些长处，使组织的所有成员表现得越来越好，也就是说，能不能使成员之间相互取长补短，这是对组织的一种检验。

赋能于团队，开启队员的智慧，激发他们的创造性，激发组织的活力，让组织成为一个有学习能力、有战斗力的有机体，是执行的着力点和放大器。

4.6　评估组织领导力

拥有一个战略领导力开发模型是组织发展的第一步。同样重要的是，我们还要对组织领导力进行评估，了解在哪些方面做得好，在哪些方面做得不够，以便有效地开发组织领导力。下面是一套组织领导力评估的实用问卷，一共有十二个问题，涉及组织领导力最重要的方面，由美国创新领导力中心开发，具有广泛的影响力和权威性。

（1）**分析内外部环境**。在何种程度上，我们作为组织的领导者，能够定期和现实地评估组织的内部优势和弱势，以及组织外部的机会和威胁？

（2）**设立使命、愿景和价值观**。在何种程度上，我们作为组织的领导者，构建了一套组织机制，能够创建共同的愿景与目标，理解我们的运营原则？

（3）**发现并找到驱动要素**。在何种程度上，我们作为组织的领导者，明确了战略的优先事项，并且专注于关键任务的活动？

（4）**创建商业战略**。在何种程度上，我们作为组织的领导者，精心设计了一套业务战略，推动组织转型，从现在走向未来？

（5）开发战略领导力。在何种程度上，我们作为组织的领导者，精心设计了一套战略领导力提升计划，确保组织领导力能促进业务战略的实现？

（6）执行、实施与学习。在何种程度上，我们作为组织的领导者，能够有效地把战略转化成战术行动，从绩效结果中反思和总结，不断检讨我们的战略框架？

（7）引领变革。在何种程度上，我们作为组织的领导者，在进行商业模式转型和变革时，预见了商业环境的变化，认识到面临的问题与挑战？

（8）塑造文化。在何种程度上，我们作为组织的领导者，能够塑造出一种组织文化，引发强烈的认同感和归属感？

（9）跨界领导。在何种程度上，我们作为组织的领导者，能够实施跨组织、跨部门的项目，促进相互合作和共同决策？

（10）平衡两仪。在何种程度上，我们作为组织的领导者，能够把原来看起来是一件坏事变成积极正向的一件好事？

（11）战略引领、战略协同和战略承诺。在何种程度上，我们作为组织的领导者，能够创建方向、协同行动和加强责任感，以达成组织的战略目标？

（12）领导力有效性。在何种程度上，我们作为组织的领导者，具有战略的思考力、行动力和影响力，最终开发组织的绩效潜能？

从技术到管理，从管理到领导，从领导到战略，领导力是可以学习的，领导力的学习是有一套流程的，领导力素质与能力的提升是有行为标准的。如果你想成为一名领导者，如果你想要开始转型，不断从优秀到卓越，成为一名受人尊敬的领导者、一名战略型领导者，那么就从现在开始行动吧，一切皆有可能。

最后，让我们借用美国人类学家玛格丽特·米德的一句话一起共勉，并作为全书的结束。“永远不要怀疑，一小群有思想、肯付出的人能改变世界。事实上，世界正是这样被改变的！”

参考文献

[1] Day D，Antonakis J. 领导力的本质（第 2 版）[M]. 林嵩，徐中，译. 北京：北京大学出版社，2015.

[2] HughesR L. 战略型领导力（第 2 版）[M]. 刘旭东，沈小滨，译. 北京：电子工业出版社，2016.

[3] Kouzes J M，Posner B Z. 领导力（第 6 版）[M]. 徐中，沈小滨，译. 北京：电子工业出版社，2018.

[4] Madsen S. 项目管理中的领导力（第 2 版）[M]. 沈小滨，译. 北京：电子工业出版社，2020.

[5] Crandall D. 西点军校的领导力[M]. 刘智强，译. 北京，电子工业出版社，2020.

[6] 王明兰. 敏捷转型[M]. 北京：人民邮民出版社，2019.

[7] Siilasmaa R. 偏执乐观[M]. 高大众，汪宏强，译. 北京：机械工业出版社，2019.

[8] Byham T M，Wellins R S. 领导力的精进[M]. 颜超凡，杨曼，译. 北京：中信出版社，2018.

[9] Crainer C，Dearlove D. 领导力的本质[M]. 葛志宏，孟丽，译. 北京：中国人民大学出版社，2017.

[10] Burgelman R A，Mckinney W. 七次转型[M]. 郑刚，郭艳婷，译. 北京：机械工业出版社，2018.

[11] 黄卫伟. 以客户为中心[M]. 北京：中信出版社，2016.

[12] 黄卫伟. 以奋斗者为本[M]. 北京：中信出版社，2014.

[13] Biech E. 领导力开发手册[M]. 徐中，占卫华，译. 北京：电子工业出版社，2015.

[13] 刘澜. 领导力沉思录[M]. 北京：中信出版社，2009.

[14] Kotter J. 领导变革[M]. 徐中，译. 北京：机械工业出版社，2014.

反侵权盗版声明